LES COMPAGNONS
DE JEHU

PAR

ALEXANDRE DUMAS

7

PARIS
ALEXANDRE CADOT, ÉDITEUR
37, rue Serpente
1857

LES COMPAGNONS DE JEHU

Mariage (le) **aux écus**, par Maximilien Perrin	2 vol.
Femmes (les) **de la Bourse**, par Henri de Kock	2 vol.
Nicette, par Adrien Paul.	2 vol.
Cochon (le) **de St-Antoine**, (conte) par Ch. Hugo.	3 vol.
Camille, par Roger de Beauvoir.	2 vol.
Madame de Monflanquin, par Paul de Kock.	5 vol.
La Bouquetière du Château-d'Eau, par le même.	6 vol.
Un monsieur très tourmenté, par le même.	2 vol.
Les Étuvistes, par le même.	8 vol.
L'Eau et le Feu, par G. de la Landelle.	2 vol.
Faustine et Sydonie, par madame Ch. Reybaud.	3 vol.
Jean qui pleure et Jean qui rit, par Ad. Robert	2 vol.
Un amour de vieillard, par le marq. de Foudras.	3 vol.
Les Veillées de Saint-Hubert, par le même.	2 vol.
Deux trahisons par Auguste Maquet.	2 vol.
La famille Aubry, par Paul Meurice	3 vol.
Les trois Reines, par X. B. Saintine.	2 vol.
Un Mari confident, par madame Sophie Gay.	2 vol.
Une vieille Maîtresse, par J. Barbey d'Aurevilly.	3 vol.
Le capitaine Simon, par Paul Féval.	2 vol.
Georges III, par Léon Gozlan	3 vol.
Le prince de Galles, par le même	5 vol.
Pérégrine, par le même.	4 vol.
La Sonora, par Paul Duplessis.	4 vol.
Le Neuf de pique, par la comtesse Dash.	6 vol.
Mystères de la famille, par Élie Berthet.	3 vol.
Le château de Noirac, par G. de la Landelle.	2 vol.
Riche d'amour, par Maximilien Perrin.	2 vol.
Le mauvais Monde, par Adrien Robert.	2 vol.
La mère Rainette, par Charles Deslys.	6 vol.

Fontainebleau. — Imp. de E. Jacquin.

LES COMPAGNONS
DE JEHU

PAR

ALEXANDRE DUMAS

7

PARIS

ALEXANDRE CADOT, ÉDITEUR

37, rue Serpente

1857

CINQUIÈME PARTIE

(SUITE).

XI

La revanche de Roland.

On devine ce qui s'était passé.

Roland n'avait point perdu son temps avec le capitaine de gendarmerie et le colonel de dragons.

Ceux-ci, de leur côté n'avaient pas

oublié qu'ils avaient une revanche à prendre.

Roland avait découvert au capitaine de gendarmerie le passage souterrain qui communiquait de l'église de Brou à la grotte de Ceyzeriat.

A neuf heures du soir, le capitaine et les dix-huit hommes qu'il avait sous ses ordres devaient entrer dans l'église, descendre par le caveau des ducs de Savoie, et fermer de leurs baïonnettes la communication des carrières avec le souterrain.

Roland, à la tête de vingt dragons,

devait envelopper le bois, le battre en resserrant le demi-cercle, afin que les deux ailes de ce demi-cercle vinssent aboutir à la grotte de Ceyzeriat.

A neuf heures, le premier mouvement devait être fait de ce côté, se combinant avec celui du capitaine de gendarmerie.

On a vu, par les paroles échangées entre Amélie et Morgan, quelles étaient pendant ce temps les dispositions des compagnons de Jehu.

Les nouvelles arrivées à la fois de Mittau et de Bretagne avaient mis tout le monde à l'aise; chacun se sentait libre, et, comprenant que l'on faisait une guerre désespérée, était joyeux de sa liberté.

Il y avait donc réunion complète dans la grotte de Ceyzeriat, presque une fête; à minuit, tous se séparaient, et chacun, selon les facilités qu'il pouvait avoir de traverser la frontière, se mettait en route pour quitter la France.

On a vu à quoi leur chef occupait ses derniers instants.

Les autres, qui n'avaient point les mêmes liens de cœur, faisaient ensemble dans le carrefour, splendidement éclairé, un repas de séparation et d'adieu : car, une fois hors de France, la Vendée et la Bretagne pacifiées, l'armée de Condé détruite, où se retrouveraient-ils sur la terre étrangère ? Dieu le savait !

Tout à coup le retentissement d'un coup de fusil arriva jusqu'à eux.

Comme par un choc électrique, chacun fut debout.

Un second coup de fusil se fit entendre.

Puis, dans les profondeurs de la carrière, ces deux mots pénétrèrent, frissonnant comme les ailes d'un oiseau funèbre.

— Aux armes!

Pour les compagnons de Jehu, soumis à toutes les vicissitudes d'une vie de bandits, le repos d'un instant n'était jamais la paix.

Poignards, pistolets et carabines étaient toujours à la portée de la main.

Au cri poussé, selon toute probabilité, par la sentinelle, chacun sauta sur ses armes et resta le cou tendu, la poitrine haletante, l'oreille ouverte.

Au milieu du silence, on entendit le bruit d'un pas aussi rapide que pouvait le permettre l'obscurité dans laquelle le pas s'enfonçait.

Puis, dans le rayon de lumière projeté par les torches et par les bougies, un homme apparut.

— Aux armes ! cria-t-il une seconde fois, nous sommes attaqués !

Les deux coups que l'on avait entendus

étaient la double détonation du fusil de chasse de la sentinelle.

C'était elle qui accourait, son fusil encore fumant à la main.

— Où est Morgan ? crièrent vingt voix.

— Absent, répondit Montbar, et, par conséquent, à moi le commandement ! Éteignez tout, et en retraite sur l'église ; un combat est inutile maintenant, et le sang versé serait du sang perdu.

On obéit avec cette promptitude qui indique que chacun apprécie le danger.

Puis on se serra dans l'obscurité.

Montbar, à qui les détours du souterrain étaient aussi bien connus qu'à Morgan, se chargea de diriger la troupe, et s'enfonça, suivi de ses compagnons, dans les profondeurs de la carrière.

Tout à coup, il lui sembla entendre à cinquante pas devant lui un commandement prononcé à voix basse, puis le claquement d'un certain nombre de fusils que l'on arme.

Il étendit les deux bras en murmurant à son tour le mot « Halte! »

Au même instant, on entendit distinctement le commandement « Feu ! ».

Ce commandement n'était pas prononcé, que le souterrain s'éclaira avec une détonation terrible.

Dix carabines venaient de faire feu à la fois.

A la lueur de cet éclair, Montbar et ses compagnons purent apercevoir et reconnaître l'uniforme des gendarmes.

— Feu ! cria à son tour Montbar.

Sept ou huit coups de fusil retentirent à ce commandement.

La voûte obscure s'éclaira de nouveau.

Deux compagnons de Jehu gisaient sur le sol, l'un tué roide, l'autre blessé mortellement.

— La retraite est coupée, dit Montbar ; volte-face, mes amis ; si nous avons une chance, c'est du côté de la forêt.

Le mouvement se fit avec la régularité d'une manœuvre militaire.

Montbar se retrouva à la tête de ses compagnons, et revint sur ses pas.

En ce moment, les gendarmes firent feu une seconde fois.

Personne ne riposta : ceux qui avaient déchargé leurs armes les rechargèrent; ceux qui n'avaient pas tiré se tenaient prêts pour la véritable lutte qui allait avoir lieu à l'entrée de la grotte.

Un ou deux soupirs indiquèrent seuls que cette riposte de la gendarmerie n'était point sans résultat.

Au bout de cinq minutes, Montbar s'arrêta.

On était revenu à la hauteur du carrefour, à peu près.

— Tous les fusils et tous les pistolets sont-ils chargés? demanda-t-il.

— Tous, répondirent une douzaine de voix.

— Vous vous rappelez le mot d'ordre pour ceux de nous qui tomberont entre les mains de la justice : nous appartenons aux bandes de M. de Teyssonnet ; nous sommes venus pour recruter des hommes à la cause royaliste; nous ne savons pas ce que l'on veut dire quand on nous parle des malles-postes et des diligences arrêtées.

— C'est convenu.

—Dans l'un ou l'autre cas, c'est la mort, nous le savons bien ; mais c'est la mort du soldat au lieu de la mort des voleurs, la fusillade au lieu de la guillotine.

—Et la fusillade, dit une voix railleuse, nous savons ce que c'est. Vive la fusillade !

— En avant, mes amis ! dit Montbar, et

vendons-leur notre vie ce qu'elle vaut, c'est-à-dire le plus cher possible.

— En avant! répétèrent les compagnons.

Et aussi rapidement qu'il était possible de le faire dans les ténèbres, la petite troupe se remit en marche, toujours conduite par Montbar.

A mesure qu'ils avançaient, Montbar respirait une odeur de fumée qui l'inquiétait.

En même temps se réflétaient, sur les parois des murailles et aux angles des piliers, certaines lueurs qui indiquaient qu'il se passait quelque chose d'insolite vers l'ouverture de la grotte.

— Je crois que ces gredins-là nous enfument, dit Montbar.

— J'en ai peur, répondit Adler.

— Ils croient avoir affaire à des renards.

— Oh ! répondit la même voix, ils verront bien à nos griffes que nous sommes des lions.

La fumée devenait de plus en plus épaisse, la lueur de plus en plus vive.

On arriva au dernier angle.

Un amas de bois sec avait été allumé dans l'intérieur de la carrière, à une cinquantaine de pas de son ouverture, non pas pour enfumer, mais pour éclairer.

A la lumière répandue par le foyer incandescent, on voyait reluire à l'entrée de la grotte les armes des dragons.

A dix pas en avant d'eux, un officier attendait, appuyé sur sa carabine, non-seulement exposé à tous les coups, mais semblant les provoquer.

C'était Roland.

Il était facile à reconnaître : il avait jeté loin de lui son chapeau, sa tête était nue, et la réverbération de la flamme se jouait sur son visage.

Mais ce qui eût dû le perdre le sauvait.

Montbar le reconnut et fit un pas en arrière.

— Roland de Montrevel! dit-il, rappelez-vous la recommandation de Morgan.

— C'est bien, répondirent les compagnons d'une voix sourde.

— Et maintenant, cria Montbar, mourons, mais tuons!

Et il s'élança le premier dans l'espace éclairé par la flamme du foyer, déchargea un des canons de son fusil à deux coups sur les dragons, qui répondirent par une décharge générale.

Il serait impossible de raconter ce qui se passa alors : la grotte s'emplit d'une fumée au sein de laquelle chaque coup de feu brillait comme un éclair; les deux troupes se joignirent et s'attaquèrent corps à corps : ce fut le tour des pistolets et des poignards. Au bruit de la lutte, la gendarmerie accourut; mais il lui fut impossible de faire feu, tant étaient confondus amis et ennemis.

Seulement, quelques démons de plus semblèrent se mêler à cette lutte de démons.

On voyait des groupes confus luttant au milieu de cette atmosphère rouge et fumeuse, s'abaissant, se relevant, s'affaissant encore ; on entendait un hurlement de rage ou un cri d'agonie : c'était le dernier soupir d'un homme.

Le survivant cherchait un nouvel adversaire, commençait une nouvelle lutte.

Cet égorgement dura un quart d'heure, vingt minutes peut-être.

Au bout de ces vingt minutes, on pouvait compter dans la grotte de Ceyzeriat vingt-deux cadavres.

Treize appartenaient aux dragons et aux gendarmes, neuf aux compagnons de Jehu.

Cinq de ces derniers survivaient ; écrasés par le nombre, criblés de blessures, ils avaient été pris vivants.

Les gendarmes et les dragons, au nombre de ving-cinq, les entouraient.

Le capitaine de gendarmerie avait eu le bras gauche cassé, le chef de brigade des dragons avait eu la cuisse traversée par une balle.

Seul, Roland, couvert de sang, mais d'un sang qui n'était pas le sien, n'avait pas reçu une égratignure.

Deux des prisonniers étaient si grièvement blessés, qu'on renonça à les faire marcher; il fallut les transporter sur des brancards.

On alluma des torches préparées à cet effet, et l'on prit le chemin de la ville.

Au moment où l'on passait de la forêt sur la grande route, on entendit le galop d'un cheval.

Ce galop se rapprochait rapidement.

— Continuez votre chemin, dit Roland ; je reste en arrière pour savoir ce que c'est.

C'était un cavalier qui, comme nous l'avons dit, accourait à toute bride.

— Qui vive ?... cria Roland, lorsque le cavalier ne fut plus qu'à vingt pas de lui.

Et il apprêta sa carabine.

— Un prisonnier de plus, monsieur de Montrevel, répondit le cavalier ; je n'ai pas pu me trouver au combat, je veux du moins me trouver à l'échafaud. Où sont mes amis ?

— Là, monsieur, répondit Roland, qui avait reconnu, non pas la figure, mais la voix du jeune homme, voix qu'il entendait pour la troisième fois.

Et il indiqua de la main le groupe formant le centre de la petite troupe, qui suivait la route de Ceyzeriat à Bourg.

— Je vois avec bonheur qu'il ne vous est rien arrivé, monsieur de Montrevel, dit le jeune homme avec une courtoisie parfaite, et ce m'est une grande joie, je vous le jure.

Et, piquant son cheval, il fut en quelques élans près des dragons et des gendarmes.

— Pardon, messieurs, dit-il en mettant pied à terre, mais je réclame une place au milieu de mes trois amis, le vicomte de Jahiat, le comte de Valensolle et le marquis de Ribier.

Les trois prisonniers jetèrent un cri

d'admiration et tendirent les mains à leur ami.

Les deux blessés se soulevèrent sur leur brancard et murmurèrent :

— Bien, Sainte-Hermine... bien !

— Je crois, Dieu me pardonne! s'écria Roland, que le beau côté de l'affaire restera jusqu'au bout à ces bandits !

XII

Cadoudal aux Tuileries.

Le surlendemain du jour, ou plutôt de la nuit, où s'étaient passés les évènements que nous venons de raconter, deux hommes marchaient côte à côte dans le grand salon des Tuileries, donnant sur le jardin.

Ils parlaient vivement; des deux côtés, les paroles étaient accompagnées de gestes rapides et animés.

Ces deux hommes, c'étaient le premier consul Bonaparte et Georges Cadoudal.

Georges Cadoudal, touché des malheurs que pouvait entraîner pour la Bretagne une plus longue résistance, venait de signer la paix avec Brune.

C'était après la signature de cette paix

qu'il avait délié de leur serment les compagnons de Jehu.

Par malheur, le congé qu'il leur donnait était arrivé, comme nous l'avons vu, vingt-quatre heures trop tard.

En traitant avec Brune Georges Cadoudal n'avait rien stipulé pour lui-même, que la liberté de passer immédiatement en Angleterre.

Mais Brune avait tant insisté, que le chef vendéen avait consenti à une entrevue avec le premier consul.

Il était, en conséquence, parti pour Paris.

Le matin même de son arrivée, il s'était présenté aux Tuileries, s'était nommé et avait été reçu.

C'était Rapp qui, en l'absence de Roland l'avait introduit.

En se retirant, l'aide-de-camp avait laissé les deux portes ouvertes, afin de tout voir du cabinet de Bourrienne et de porter secours au premier consul, s'il était besoin.

Mais Bonaparte, qui avait compris l'intention de Rapp, avait été fermer la porte.

Puis, revenant vivement vers Cadoudal :

— Ah ! c'est vous, enfin ! lui avait-il dit ; je suis bien aise de vous voir ; un de vos ennemis, mon aide-de-camp, Roland de Montrevel, m'a dit le plus grand bien de vous.

— Cela ne m'étonne point, avait répondu Cadoudal ; pendant le peu de temps que j'ai vu M. de Montrevel, j'ai cru reconnaître en lui les sentiments les plus chevaleresques.

— Oui, et cela vous a touché ? répondit le premier consul.

Puis, fixant sur le chef royaliste son œil de faucon :

—Écoutez, Georges, reprit-il, j'ai besoin d'hommes énergiques pour accomplir l'œuvre que j'entreprends. Voulez-vous être des miens? Je vous ai fait offrir le grade de colonel; vous valez mieux que cela : je vous offre le grade de général de division.

— Je vous remercie du plus profond de mon cœur, citoyen premier consul, répondit Georges; mais vous me mépriseriez si j'acceptais.

— Pourquoi cela? demanda vivement Bonaparte.

— Parce que j'ai prêté serment à la maison de Bourbon, et que je lui resterai fidèle, quand même.

— Voyons, reprit le premier consul, n'y a-t-il aucun moyen de vous rallier à moi ?

— Général, répondit l'officier royaliste, m'est-il permis de vous répéter ce que l'on m'a dit ?

— Et pourquoi pas ?

— C'est que cela touche aux plus profonds arcanes de la politique.

— Bon! quelque niaiserie, fit le premier consul avec un sourire inquiet.

Cadoudal s'arrêta et regarda fixement son interlocuteur.

— On dit qu'il y a eu un accord fait à Alexandrie, entre vous et le commodore Sidney Smith; que cet accord avait pour objet de vous laisser le retour libre en France, à la condition, acceptée par vous, de relever le trône de nos anciens rois.

Bonaparte éclata de rire.

— Que vous êtes étonnants, vous autres

plébéiens, dit-il, avec votre amour pour vos anciens rois ! Supposez que je rétablisse ce trône, — chose dont je n'ai nulle envie, je vous le déclare, — que vous en reviendra-t-il, à vous qui avez versé votre sang pour le rétablissement de ce trône? Pas même la confirmation du grade que vous avez conquis, colonel! Et où avez-vous vu dans les armées royales un colonel qui ne fût pas noble? Avez-vous jamais entendu dire que, près de ces gens-là, un homme se soit élevé par son propre mérite? Tandis qu'auprès de moi, Georges, vous pouvez atteindre à tout, puisque plus je m'élèverai, plus j'élèverai avec moi ceux qui m'entoureront. Quant à me voir jouer le rôle de Monk, n'y comptez pas; Monk vivait dans un siècle où les préjugés que nous avons combattus et renversés en 1789 avaient toute leur vigueur; Monk eût voulu se faire roi, qu'il ne l'eût pas pu; dictateur, pas davantage ! il fallait être Cromwell pour cela. Richard n'y a pas pu tenir; il est vrai que c'était un véritable fils de grand homme, c'est-à-dire un sot. Si j'eusse voulu me faire roi, rien ne m'en eût empêché, et si l'envie m'en prend jamais, rien ne m'en empêchera. Voyons, vous avez quelque chose à répondre! Répondez.

— Vous dites, citoyen premier consul, que la situation n'est point la même en France en 1800 qu'en Angleterre en 1660; je n'y vois, moi, aucune différence. Charles II avait été décapité en 1649, Louis XVI l'a été en 1793 ; onze ans se sont écoulés en Angleterre entre la mort du père et la restauration du fils ; sept ans se sont déjà écoulés en France depuis la mort de Louis XVI... Peut-être me direz-vous que la révolution anglaise fut une révolution religieuse, tandis que la révolution française est une révolution politique ; eh bien, je répondrai qu'une charte est aussi facile à faire qu'une abjuration. .

Bonaparte sourit.

— Non, reprit-il, je ne vous dirai pas cela ; je vous dirai simplement : Cromwell avait cinquante ans quand Charles II a été exécuté ; moi, j'en avais vingt-quatre à la mort de Louis XVI. Cromwell est mort en 1658, c'est-à-dire à cinquante-neuf ans; en dix ans de pouvoir, il a eu le temps d'entreprendre beaucoup, mais d'accomplir peu; et d'ailleurs, lui, c'était une réforme complète qu'il entreprenait, réforme politique par la substitution du gouvernement républicain au gouvernement monarchique. Eh bien, accordez-moi de vivre les années de Cromwell, cinquante-neuf ans, ce n'est pas beaucoup. J'ai encore vingt ans à vivre, juste le double de Cromwell, et, remarquez-le, je ne change rien, je poursuis; je ne renverse pas, j'élève. Supposez qu'à trente ans, César, au lieu de n'être encore que le premier débauché de Rome, en ait été le premier citoyen; supposez que sa campagne des Gaules ait été faite, sa campagne d'Égypte achevée, sa campagne d'Espagne menée à bonne fin; supposez qu'il ait eu trente ans au lieu d'en avoir cinquante, croyez-vous qu'il n'eût pas été à la fois César et Auguste?

— Oui, s'il n'eût pas trouvé sur son chemin Brutus, Cassius et Casca.

— Ainsi, dit Bonaparte avec mélancolie, c'est sur un assassinat que mes ennemis comptent! en ce cas, la chose leur sera facile, et à vous tout le premier, qui êtes mon ennemi; car qui vous empêche en ce moment, si vous avez la conviction de Brutus, de me frapper comme il a frappé César? Je suis seul avec vous; les portes sont fermées : vous auriez le temps d'être à moi avant qu'on fût à vous.

Cadoudal fit un pas en arrière.

— Non, dit-il, nous ne comptons point sur l'assassinat, et je crois qu'il faudrait une extrémité bien grave pour que l'un de nous se déterminât à se faire assassin ; mais les chances de la guerre sont là. Un seul revers peut vous faire perdre votre prestige ; une défaite introduit l'ennemi au cœur de la France : des frontières de la Provence, on peut voir le feu des bivouacs autrichiens ; un boulet peut vous enlever la tête, comme au maréchal de Berwick ; alors, que devient la France ?

Vous n'avez point d'enfants, et vos frères...

— Oh! sous ce point de vue, vous avez raison; mais si vous ne croyez pas à la Providence, j'y crois, moi; je crois qu'elle ne fait rien au hasard; je crois que lorsqu'elle a permis que, le 15 août 1769, — un an, jour pour jour, après que Louis XV eut rendu l'édit qui réunissait la Corse à la France, — naquit à Ajaccio un enfant qui ferait le 13 vendémiaire et le 18 brumaire, elle avait sur cet enfant, de grandes vues, de suprêmes projets. Cet enfant, c'est moi; si j'ai une mission, je ne crains rien : ma mission me sert de bouclier; si je n'en ai pas, si je me trompe, si, au lieu de vivre les vingt-cinq ou trente ans qui me sont nécessaires pour achever mon œuvre, je suis frappé d'un coup de couteau comme César, ou atteint d'un boulet comme Berwick, c'est que la Providence aura sa raison d'agir ainsi, et ce sera à elle de pourvoir à ce qui convient à la France... Nous parlions de César tout à l'heure, quand Rome suivait en deuil les funérailles du dictateur et brûlait les maisons de ses assassins; quand, aux quatre points cardinaux du monde, la ville éternelle regardait d'où lui viendrait le génie qui mettrait fin à ses guerres civiles ; quand elle tremblait à la vue de l'ivrogne Antoine ou de l'hypocrite Lépide, elle était loin de songer à l'écolier d'Apollonie, au neveu de César, au jeune Octave. Qui pensait à ce fils du banquier de Velletri, tout blanchi par la farine de ses aïeux?

Qui le devina lorsqu'on le vit arriver boitant et clignotant des yeux pour passer en revue les vieilles bandes de César? Pas même le prévoyant Cicéron : *Ornandum et tollendum*, disait-il. Eh bien, l'enfant joua toutes les barbes grises du sénat, et régna presque aussi longtemps que Louis XIV ! Georges, Georges, ne luttez pas contre la Providence, qui me suscite ; car la Providence vous brisera.

— J'aurai été brisé en suivant la voie et la religion de mes pères, répondit Cadoudal en s'inclinant, et j'espère que Dieu me pardonnera mon erreur, qui sera celle d'un chrétien fervent et d'un fils pieux.

Bonaparte posa la main sur l'épaule du jeune chef :

— Soit, lui dit-il ; mais au moins restez neutre ; laissez les évènements s'accomplir, regardez les trônes s'ébranler, regardez tomber les couronnes ; ordinairement ce sont les spectateurs qui paient ; moi, je vous paierai pour regarder faire.

— Et combien me donnerez-vous pour cela, citoyen premier consul? demanda en riant Cadoudal.

— Cent mille francs par an, monsieur, répondit Bonaparte.

— Si vous donnez cent mille francs par an à un simple chef de rebelles, dit Cadoudal, combien offrirez-vous au prince pour lequel il a combattu?

— Rien, monsieur; ce que je paie en vous, c'est le courage et non pas le principe qui vous a fait agir; je vous prouve que pour moi, homme de mes œuvres, les hommes n'existent que par leurs œuvres. Acceptez, Georges, je vous en prie.

— Et si je refuse?

— Vous aurez tort.

— Serai-je toujours libre de me retirer où il me conviendra?

Bonaparte alla a la porte et l'ouvrit.

— L'aide-de-camp de service ! demanda-t-il.

Il s'attendait à voir paraître Rapp.

Il vit paraître Roland.

— Ah ! dit-il, c'est toi ?

Puis, se retournant vers Cadoudal :

— Je n'ai pas besoin, colonel, de vous présenter mon aide-de-camp Roland de Montrevel : c'est une de vos connaissances. — Roland, dis au colonel qu'il est aussi libre à Paris que tu l'étais dans son camp de Muzillac, et que, s'il désire un passe-port pour quelque pays du monde que ce soit, Fouché a l'ordre de le lui donner.

— Votre parole me suffit, citoyen premier consul, répondit en s'inclinant Cadoudal; ce soir, je pars.

— Et peut-on vous demander où vous allez?

— A Londres, général.

— Tant mieux

— Eh bien, général, demanda Roland, après que la porte se fut refermée sur Cadoudal, est-ce bien l'homme que je vous avais dit ?

— Oui, répondit Bonaparte pensif ; seulement, il voit mal l'état des choses ; mais l'exagération de ses principes prend sa source dans de nobles sentiments, qui doivent lui donner une grande influence parmi les siens.

Alors, à voix basse :

— Il faudra pourtant en finir, ajouta-t-il.

Puis, s'adressant à Roland :

— Et toi ? demanda-t-il.

— Moi, répondit Roland, j'en ai fini.

— Ah ! ah ! de sorte que les compagnons de Jehu ?...

— Ont cessé d'exister, général ; les trois quarts sont morts, le reste est prisonnier.

— Et toi sain et sauf ?

— Ne m'en parlez pas, général ; je commence à croire que, sans m'en douter, j'ai fait un pacte avec le diable.

Le même soir, comme il l'avait dit au premier consul, Cadoudal partit pour l'Angleterre.

A la nouvelle que le chef breton était heureusement arrivé à Londres, Louis XVIII lui écrivait :

« J'ai appris avec la plus vive satisfac-
» tion, général, que vous êtes enfin *échappé*
» aux mains du tyran, qui vous a méconnu
» au point de vous proposer de le servir;
» j'ai gémi des malheureuses circonstan-

» ces qui vous ont forcé de traiter avec
» lui ; mais je n'ai jamais conçu la plus
» légère inquiétude : le cœur de mes fi-
» dèles Bretons et le vôtre en particulier
» me sont trop bien connus. Aujourd'hui,
» vous êtes libre, vous êtes auprès de mon
» frère : tout mon espoir renaît : je n'ai
» pas besoin d'en dire davantage à un
» Français tel que vous.

» Louis. »

A cette lettre étaient joints le brevet de lieutenant-général et le grand cordon de Saint-Louis.

XIII

L'armée de réserve.

Le premier consul en était arrivé au point qu'il désirait : les compagnons de Jehu étaient détruits, la Vendée était pacifiée.

Tout en demandant la paix à l'Angleterre, il avait espéré la guerre; il comprenait très bien que, né de la guerre, il ne pouvait grandir que par la guerre; il semblait deviner qu'un jour un poète l'appellerait *le géant des batailles.*

Mais cette guerre, comment la ferait-il?

Un article de la constitution de l'an VIII s'opposait à ce que le premier consul commandât les armées en personne et quittât la France.

Il y a toujours dans les constitutions un article absurde; — bien heureuses les constitutions où il n'y en a qu'un!

Le premier consul trouva un moyen.

Il établit un camp à Dijon ; l'armée qui devait occuper ce camp prendrait le nom d'armée de réserve.

Le noyau de cette armée fut formé par ce que l'on put tirer de la Vendée et de la Bretagne, trente mille hommes à peu près. Vingt mille conscrits y furent incorporés. Le général Berthier en fut nommé commandant en chef.

Le plan qu'avait, un jour, dans son cabinet du Luxembourg, expliqué Bonaparte à Roland, était resté le même dans son esprit.

Il comptait reconquérir l'Italie par une seule bataille; cette bataille devait être une grande victoire.

Moreau, en récompense de sa coopération du 18 brumaire, avait obtenu ce commandement militaire qu'il désirait : il était général en chef de l'armée du Rhin, et avait quatre-vingt mille hommes sous ses ordres.

Augereau commandait l'armée gallo-batave, forte de vingt-cinq mille hommes.

Enfin, Masséna commandait l'armée d'Italie, réfugiée dans le pays de Gênes, et soutenait avec acharnement le siége de la capitale de ce pays, bloquée du côté de la terre par le général autrichien Ott, et du côté de la mer par l'amiral Keith.

Pendant que ces mouvements s'opéraient en Italie, Moreau avait pris l'offensive sur le Rhin et battu l'ennemi à Stockach et à Mœskirch. Une seule victoire devait être, pour l'armée de réserve, le signal d'entrer à son tour en ligne ; deux victoires ne laissaient aucun doute sur l'opportunité de ses opérations.

Seulement, comment cette armée descendrait-elle en Italie?

La première pensée de Bonaparte avait

été de remonter le Valais et de déboucher par le Simplon : on tournait ainsi le Piémont et l'on entrait à Milan ; mais l'opération était longue et se manifestait au grand jour.

Bonaparte y renonça ; il entrait dans son plan de surprendre les Autrichiens, et d'être avec toute son armée dans les plaines du Piémont, avant que l'on pût se douter qu'il eût passé les Alpes.

Il s'était donc décidé à opérer son passage par le grand Saint-Bernard.

C'était alors qu'il avait envoyé aux pères desservant le monastère qui couronne cette montagne, les cinquante mille francs dont s'étaient emparés les compagnons de Jehu.

Cinquante mille autres avaient été expédiés, qui étaient parvenus heureusement à leur destination.

Grâce à ces cinquante mille francs, les moines devaient être abondamment pourvus des rafraîchissements nécessaires à une armée de cinquante mille hommes faisant une halte d'un jour.

En conséquence, vers la fin d'avril, toute l'artillerie fut dirigée sur Lausanne, Villeneuve, Martigny et Saint-Pierre.

Le général Marmont, commandant l'artillerie, avait été envoyé en avant pour veiller au transport des pièces.

Ce transport des pièces était une chose à peu près impraticable. Il fallait cependant qu'il eût lieu.

Il n'y avait point d'antécédent sur lequel on pût s'appuyer; Annibal avec ses éléphants, ses Numides et ses Gaulois, Charlemagne avec ses Francs, n'avaient rien eu de semblable à surmonter.

Lors de la première campagne d'Italie, en 1796, on n'avait pas franchi les Alpes, on les avait tournées; on était descendu de Nice à Chérasco par la route de la Corniche.

Cette fois, on allait entreprendre une œuvre véritablement gigantesque.

Il fallait d'abord s'assurer que la montagne n'était point occupée; la montagne sans Autrichiens était déjà un ennemi assez difficile à vaincre!

Lannes fut lancé en enfant perdu avec toute une division; il passa le col du Saint-Bernard, sans artillerie, sans bagages, et s'empara de Châtillon.

Les Autrichiens n'avaient rien laissé dans le Piémont, que de la cavalerie des dépôts et quelques postes d'observation ; il n'y avait donc plus d'autres obstacles à vaincre que ceux de la nature. On commença les opérations.

On avait fait construire des traîneaux pour transporter les canons ; mais, si étroite que fût leur voie, on reconnut qu'elle serait toujours trop large.

Il fallut aviser à un autre moyen.

On creusa des troncs de sapins, on y emboîta les pièces ; à l'extrémité supérieure, on fixa un câble pour tirer ; à l'extrémité inférieure un levier pour diriger.

Vingt grenadiers s'attelaient au câble, vingt autres portaient, avec leur bagage, le bagage de ceux qui traînaient les pièces. Un artilleur commandait chaque détachement, et avait sur lui pouvoir absolu, au besoin droit de vie et de mort.

Le bronze, en pareille circonstance, était bien autrement précieux que la chair !

Avant de partir, on donna à chaque homme une paire de souliers neufs et vingt biscuits.

Chacun chaussa les souliers, et se pendit les biscuits au cou.

Le premier consul, installé au bas de la montagne, donnait à chaque prolonge le signal du départ.

Il faut avoir traversé les mêmes chemins en simple touriste, à pied ou à mulet, avoir sondé de l'œil les mêmes précipices pour se faire une idée de ce qu'était ce voyage : toujours gravir par des pentes escarpées, par des sentiers étroits, sur des cailloux qui coupaient les souliers d'abord, les pieds ensuite !

De temps en temps, on s'arrêtait, on

reprenait haleine et l'on se remettait en route sans une plainte.

On arriva aux glaces : avant de s'y engager, les hommes reçurent d'autres souliers : ceux du matin étaient en lambeaux; on cassa un morceau de biscuit, on but une goutte d'eau-de-vie à la gourde, et l'on se remit en chemin.

On ne savait pas où l'on montait; quelques-uns demandaient pour combien de jours on en avait encore ; d'autres, s'il serait permis de s'arrêter un instant à la lune.

Enfin, l'on atteignit les neiges éternelles.

Là, le travail devenait plus facile; les sapins glissaient sur la neige, et l'on allait plus vite.

Un fait donnera la mesure du pouvoir concédé à l'artilleur conduisant chaque prolonge.

Le général Chamberlhac passait, il trouva que l'on n'allait pas assez vite, et, voulant faire hâter le pas, il s'approcha du canonnier et prit avec lui un ton de maître.

— Ce n'est pas vous qui commandez ici, répondit l'artilleur; c'est moi! c'est moi qui suis responsable de la pièce, c'est moi qui la dirige ; passez votre chemin !

Le général s'avança vers le canonnier comme pour lui mettre la main au collet.

Mais celui-ci, faisant un pas en arrière :

— Général, dit-il, ne me touchez pas, ou je vous assomme d'un coup de levier et vous jette dans le précipice.

Le général se retira.

Après des fatigues inouïes, on atteignit le pied de la montée au sommet de laquelle s'élève le couvent.

Là, on trouva la trace du passage de la division Lannes : comme la pente est très rapide, les soldats avaient pratiqué une espèce d'escalier gigantesque.

On l'escalada.

Les pères du Saint-Bernard attendaient sur la plate-forme. Ils conduisirent successivement à l'hospice chaque peloton formant les prolonges. Des tables étaient dressées dans de longs corridors, et, sur ces tables, il y avait du pain, du fromage de Gruyère et du vin.

En quittant le couvent, les soldats serraient les mains des moines, embrassaient leurs chiens.

La descente, au premier abord, semblait plus commode que l'ascension ; aussi les officiers déclarèrent-ils que c'était à leur tour de traîner les pièces. Mais, cette fois, les pièces entraînaient l'attelage et quelques-unes descendaient beaucoup plus vite qu'ils n'eussent voulu.

Le général Lannes avec sa division marchait toujours à l'avant-garde. Il était descendu avant le reste de l'armée dans la vallée ; il était entré à Aoste et avait reçu l'ordre de se porter sur Ivrée, à l'entrée des plaines du Piémont.

Mais, là, il rencontra un obstacle que nul n'avait prévu : c'était le fort de Bard.

Le village de Bard est situé à huit lieues d'Aoste ; en descendant le chemin d'Ivrée, un peu en arrière du village, un monticule ferme presque hermétiquement la vallée ; la Doire coule entre ce monticule et la montagne de droite.

La rivière ou plutôt le torrent remplit tout l'intervalle.

La montagne de gauche présente à peu près le même aspect ; seulement, au lieu de la rivière, c'est la route qui y passe.

C'est de ce côté qu'est bâti le fort de Bard ; il occupe le sommet du monticule et descend jusqu'à la moitié de son élévation.

Comment personne n'avait-il songé à cet obstacle, qui était tout simplement insurmontable ?

Il n'y avait pas moyen de le battre en brèche du bas de la vallée, et il était impossible de gravir les rocs qui le dominaient.

Cependant, à force de chercher, on trouva un sentier que l'on aplanit et par lequel l'infanterie et la cavalerie pouvaient passer; mais on essaya vainement de le faire gravir à l'artillerie, même en la démontant comme au Saint-Bernard.

Bonaparte fit braquer deux pièces de canon sur la route et ouvrir le feu contre la forteresse; mais on s'aperçut bientôt que ces pièces étaient sans effet; d'ailleurs, un boulet du fort s'engouffra dans une des deux pièces, qui fut brisée et perdue.

Le premier consul ordonna un assaut par escalade; des colonnes formées dans le village et munies d'échelles s'élancèrent au pas de course et se présentèrent sur plusieurs points. Il fallait pour réussir, non-seulement de la célérité, mais encore du silence : c'était une affaire de surprise. Au lieu de cela, le colonel Dufour, qui commandait une des colonnes, fit battre la charge et marcha bravement à l'assaut.

La colonne fut repoussée, et le commandant reçut une balle au travers du corps.

Alors, on fit un choix des meilleurs tireurs ; on les approvisionna de vivres et de cartouches ; ils se glissèrent entre les rochers et parvinrent à une plate-forme d'où ils dominaient le fort.

Du haut de cette plate-forme, on en découvrait une autre moins élevée et qui cependant plongeait également sur le fort ; à grand'peine on y hissa deux pièces de canon que l'on mit en batterie.

Ces deux pièces, d'un côté, et les tirailleurs, de l'autre, commencèrent à inquiéter l'ennemi.

Pendant ce temps, le général Marmont proposait au premier consul un plan tellement hardi, qu'il n'était pas probable que l'ennemi s'en défiât.

C'était de faire tout simplement passer l'artillerie, la nuit, sur la grande route, malgré la proximité du fort.

On fit répandre sur cette route du fumier et la laine de tous les matelas que l'on put trouver dans le village ; puis on enveloppa les roues, les chaînes et toutes les parties sonnantes des voitures avec du foin tordu.

Enfin, on dételа les canons et les caissons, et l'on remplaça, pour chaque pièce, les chevaux par cinquante hommes placés en galère.

Cet attelage offrait deux avantages considérables : d'abord, les chevaux pouvaient hennir, tandis que les hommes avaient tout intérêt à garder le plus profond silence ; ensuite un cheval tué arrêtait tout le convoi, tandis qu'un homme tué, ne tenait point à la voiture, était poussé de côté, remplacé par un autre, et n'arrêtait rien.

On mit à la tête de chaque voiture un officier et un sous-officier d'artillerie et l'on promit six cents francs pour le transport de chaque voiture hors de la vue du fort.

Le général Marmont, qui avait donné le conseil, présidait lui-même à la première opération.

Par bonheur, un orage avait rendu la nuit fort obscure.

Les six premières pièces d'artillerie et les six premiers caissons arrivèrent à leur destination sans qu'un seul coup de fusil eût été tiré du fort.

On revint par le même chemin sur la pointe du pied, à la queue les uns autres ; mais, cette fois, l'ennemi entendit quelque bruit, et, voulant en connaître la cause, il lança des grenades.

Les grenades, par bonheur, tombaient de l'autre côté du chemin.

Pourquoi ces hommes, une fois passés, revenaient-ils sur leurs pas ?

Pour chercher leurs fusils et leurs bagages ; on eût pu leur épargner cette peine et cé danger, en plaçant bagages et fusils sur les caissons ; mais on ne pense pas à tout ; et la preuve, c'est que l'on n'avait pas pensé non plus au fort de Bard.

Une fois la possibilité du passage démontrée, le transport de l'artillerie fut un service comme un autre ; seulement, l'ennemi prévenu, il devenait plus dangereux. Le fort semblait un volcan, tant il vomissait de flammes et de fumée ; mais, vu la façon verticale dont il était obligé de tirer, il faisait plus de bruit que de mal.

On perdit cinq ou six hommes par voi-

ture, c'est-à-dire un dixième sur cinquante ;
mais l'artillerie passa, le sort de la campagne était là !

Plus tard, on s'aperçut que le col du petit Saint-Bernard était praticable et que l'on eût pu y faire passer toute l'artillerie sans démonter une seule pièce.

Il est vrai que le passage eût été moins beau, étant moins difficile.

Enfin, on se trouva dans les magnifiques plaines du Piémont.

Sur le Tessin, on rencontra un corps de

douze mille hommes détaché de l'armée du Rhin par Moreau, qui, après les deux victoires remportées par lui, pouvait prêter à l'armée d'Italie ce supplément de soldats ; il avait débouché par le Saint-Gothard, et, renforcé de ces douze mille hommes, le premier consul entra dans Milan sans coup férir.

A propos, comment avait fait le premier consul, qui, d'après un article de la constitution de l'an VIII, ne pouvait sortir de France et se mettre à la tête des armées ?

Nous allons vous le dire.

La veille du jour où il devait quitter

Paris, c'est-à-dire le 5 mai, ou, selon le calendrier du temps, le 15 floréal, il avait fait venir chez lui les deux autres consuls et les ministres, et avait dit à Lucien :

— Préparez pour demain une circulaire aux préfets.

Puis, à Fouché :

— Vous ferez publier cette circulaire dans les journaux ; elle dira que je suis parti pour Dijon, où je vais inspecter l'armée de réserve ; vous ajouterez, mais sans rien affirmer, que j'irai peut-être jusqu'à Genève ; en tout cas, faites bien remarquer que je ne serai pas absent plus de quinze jours. S'il se passait quelque chose d'insolite, je reviendrais comme la foudre. Je vous recommande à tous les grands intérêts de la France; j'espère que bientôt on parlera de moi, à Vienne et à Londres.

Et, le 6, il était parti.

Dès-lors, son intention était bien de descendre dans les plaines du Piémont et d'y livrer une grande bataille; puis, comme il ne doutait pas de la victoire, il répondrait, de même que Scipion accusé, à ceux qui lui reprocheraient de violer la constitution : « A pareil jour et à pareille heure, je battais les Carthaginois ; montons au Capitole et rendons grâce aux dieux ! »

Parti de Paris le 6 mai, le 26 du même mois, le général en chef campait avec son armée entre Turin et Casal. Il avait plu toute la journée ; vers le soir, l'orage se calma, et le ciel, comme il arrive en Italie, passa en quelques instants de la teinte la plus sombre au plus bel azur, et les étoiles s'y montrèrent scintillantes.

Le premier consul fit signe à Roland de le suivre ; tous deux sortirent de la petite ville de Chivasso et suivirent les bords du fleuve. A cent pas au-delà des dernières maisons, un arbre abattu par la tempête offrait un banc aux promeneurs. Bonaparte s'y assit et fit signe à Roland de prendre place près de lui.

Le général en chef avait évidemment quelque confidence intime à faire à son aide-de-camp.

Tous deux gardèrent un instant le silence.

Bonaparte l'interrompit le premier.

—Te rappelles-tu, Roland, lui dit-il, une conversation que nous eûmes ensemble au Luxembourg?

— Général, dit Roland en riant, nous avons eu beaucoup de conversation au Luxembourg, une entre autres où vous m'avez annoncé que nous descendrions en Italie au printemps, et que nous battrions le général Mélas à Torre di Garofolo ou San-Giuliano; cela tient-il toujours?

— Oui; mais ce n'est pas de cette conversation que je voulais parler.

— Voulez-vous me remettre sur la voie, général?

— Il était question de mariage.

— Ah! oui, du mariage de ma sœur. Ce doit être fini à présent, général.

— Non pas du mariage de ta sœur, Roland, mais du tien.

— Ah! bon! dit Roland avec son sourire amer, je croyais cette question-là coulée à fond entre nous, général.

Et il fit un mouvement pour se lever.

Bonaparte le retint par le bras.

Lorsque je te parlai de cela, Roland, continua-t-il avec un sérieux qui prouvait son désir d'être écouté, sais-tu qui je te destinais?

— Non, général.

— Eh bien, je te destinais ma sœur Caroline.

— Votre sœur ?

— Oui ; cela t'étonne ?

— Je ne croyais pas que jamais vous eussiez pensé à me faire un tel honneur.

— Tu es ingrat, Roland, ou tu ne me

dis pas ce que tu penses ; tu sais que je t'aime.

— Oh! mon général! s'écria Roland.

Et il prit les deux mains du premier consul, qu'il serra avec une profonde reconnaissance.

— Eh bien, j'aurais voulu t'avoir pour beau-frère.

— Votre sœur et Murat s'aimaient, général, dit Roland : mieux vaut donc que votre projet ne se soit point réalisé. D'ailleurs, ajouta-t-il d'une voix sourde, je croyais vous avoir déjà dit, général, que je ne me marierais jamais.

Bonaparte sourit.

— Que ne dis-tu tout de suite que tu te feras trappiste?

— Ma foi, général, rétablissez les couvents et enlevez-moi les occasions de me faire tuer, qui, Dieu merci, ne vont point nous manquer, je l'espère, et vous pourriez bien avoir deviné la façon dont je finirai.

— Quelque chagrin de cœur? quelque infidélité de femme?

— Ah ! bon ! fit Roland, vous me croyez amoureux ! il ne me manquait plus que cela pour être dignement classé dans votre esprit.

— Plains-toi de la place que tu y occupes, toi à qui je voulais donner ma sœur.

— Oui ; mais, par malheur, voilà la chose devenue impossible ! vos trois sœurs sont mariées, général : la plus jeune a épousé le général Leclerc, la seconde a épousé le prince Bacciocchi, l'aînée a épousé Murat.

— De sorte, dit Bonaparte en riant, que

te voilà tranquille et heureux ; tu te crois débarrassé de mon alliance.

— Oh! général!... fit Roland.

— Tu n'es pas ambitieux, à ce qu'il paraît?

—Général, laissez-moi vous aimer pour le bien que vous m'avez fait et non pour celui que vous voulez me faire.

— Et si c'était par égoïsme que je désirasse t'attacher à moi, non-seulement par les liens de l'amitié, mais encore par ceux de la parenté; si je te disais : Dans mes projets d'avenir, je compte peu sur mes frères, tandis que je ne douterais pas un instant de toi.

— Sous le rapport du cœur, vous auriez bien raison.

— Sous tous les rapports! Que veux-tu que je fasse de Leclerc? c'est un homme médiocre; de Bacciocchi, qui n'est pas Français? de Murat, cœur de lion, mais tête folle? Il faudra pourtant bien qu'un jour j'en fasse des princes, puisqu'ils sont les maris de mes sœurs. Pendant ce temps, que ferais-je de toi?

— Vous ferez de moi un maréchal de France.

— Et puis après ?

— Comment, après ? Je trouve que c'est fort joli déjà.

— Et alors tu seras un douzième au lieu d'être une unité.

— Laissez-moi être tout simplement votre ami ; laissez-moi vous dire éternellement la vérité, et, je vous en réponds, vous m'aurez tiré de la foule.

— C'est peut-être assez pour toi, Roland, ce n'est pas assez pour moi, insista Bonaparte.

Puis, comme Roland gardait le silence :

— Je n'ai plus de sœur, dit-il, c'est vrai ; mais j'ai rêvé pour toi quelque chose de mieux encore que d'être mon frère.

Roland continua de se taire.

— Il existe de par le monde, Roland, une charmante enfant que j'aime comme ma fille ; elle vient d'avoir dix-sept ans, tu en as vingt-six, tu es général de brigade de fait ; avant la fin de la campagne tu seras général de division ; eh bien, Roland, à la fin de la campagne, nous reviendrons à Paris et tu épouseras...

— Général, interrompit Roland, voici, je crois, Bourrienne qui vous cherche.

Et, en effet, le secrétaire du premier consul était à dix pas à peine des deux causeurs.

— C'est toi, Bourrienne? demanda Bonaparte avec quelque impatience.

—Oui, général... Un courrier de France.

— Ah!

— Et une lettre de madame Bonaparte.

— Bon! dit le premier consul se levant vivement; donne.

Et il lui arracha presque la lettre des mains.

— Et pour moi, demanda Roland, rien?

— Rien.

— C'est étrange! fit le jeune homme tout pensif.

La lune s'était levée, et, à la lueur de cette belle lune d'Italie, Bonaparte pouvait lire et lisait.

Pendant les deux premières pages, son visage indiqua la sérénité la plus parfaite;

Bonaparte adorait sa femme : les lettres publiées par la reine Hortense font foi de cet amour. Roland suivait sur le visage du général les impressions de son âme.

Mais, vers la fin de la lettre, son visage se rembrunit, son sourcil se fronça, et il jeta à la dérobée un regard sur Roland.

— Ah! fit le jeune homme, il paraît qu'il est question de moi dans cette lettre.

Bonaparte ne répondit point et acheva sa lecture.

La lecture achevée, il plia la lettre et la

mit dans la poche de côté de son habit;
puis, se tournant vers Bourrienne :

— C'est bien, dit-il, nous allons rentrer ; probablement expédierai-je un courrier. Allez m'attendre en me taillant des plumes.

Bourrienne salua et reprit le chemin de Chivasso.

Bonaparte alors s'approcha de Roland, et, lui posant la main sur l'épaule :

— Je n'ai pas de bonheur avec les mariages que je désire, dit-il.

— Pourquoi cela? demanda Roland.

— Le mariage de ta sœur est manqué.

— Elle a refusé?

— Non, pas elle.

— Comment! pas elle? Serait-ce lord Tanlay, par hasard?

— Oui.

— Il a refusé ma sœur après l'avoir demandée à moi, à ma mère, à vous, à elle-même?

— Voyons, ne commence point par t'emporter, et tâche de comprendre qu'il y a quelque mystère là-dessous.

— Je ne vois pas de mystère, je vois une insulte.

— Ah! voilà bien mon homme! cela m'explique pourquoi ni ta mère ni ta sœur n'ont voulu t'écrire; mais Joséphine a pensé que, l'affaire étant grave, tu devais en être instruit. Elle m'annonce donc cette nouvelle en m'invitant à te la transmettre si je le crois convenable. Tu vois donc que je n'ai pas hésité.

— Je vous remercie bien sincèrement,

général... Et lord Taulay donne-t-il une raison à ce refus ?

— Une raison qui n'en est pas une.

— Laquelle ?

— Cela ne peut pas être la véritable cause.

— Mais encore ?

— Il ne faut que voir l'homme et causer cinq minutes avec lui pour le juger sous ce rapport.

— Mais enfin, général, que dit-il pour dégager sa parole ?

— Que ta sœur est moins riche qu'il ne le croyait.

Roland éclata de ce rire nerveux qui décelait chez lui la plus violente agitation.

— Ah! fit-il, justement, c'est la première chose que je lui ai dite.

— Laquelle?

— Que ma sœur n'avait pas le sou. Est-ce que nous sommes riches, nous autres enfants de généraux républicains?

— Et que t'a-t-il répondu?

— Qu'il était assez riche pour deux.

— Tu vois donc que ce ne peut être là le motif de son refus.

— Ainsi, fit Roland, il y a refus?

— Refus, oui.

— Positif?

— Positif.

— Eh bien, général, vous comprenez : n'est-ce pas que ce refus est une insulte?

— Je ne dis pas non.

— Et vous êtes d'avis qu'un de vos

aides-de-camp ne peut pas recevoir une insulte dans la personne de sa sœur, sans en demander raison?

— Dans ces sortes de situations, mon cher Roland, c'est à la personne qui se croit offensée à peser elle-même le pour et le contre.

— Général, demanda Roland, dans combien de jours croyez-vous que nous ayons une affaire décisive?

Bonaparte calcula.

— Pas avant quinze jours ou trois semaines, répondit-il.

— Général, je vous demande un congé de quinze jours.

— A une condition.

— Laquelle?

— C'est que tu passeras par Bourg et que tu interrogeras ta sœur, pour savoir d'elle de quel côté vient le refus.

— C'était bien mon intention.

— En ce cas, il n'y a pas un instant à perdre.

— Vous voyez bien que je ne perds pas

un instant, dit le jeune homme en faisant quelques pas pour rentrer dans le village.

— Une minute encore : tu te chargeras de mes dépêches pour Paris, n'est-ce pas ?

— Je comprends : je suis le courrier dont vous parliez tout à l'heure à Bourrienne.

— Justement.

— Alors, venez.

— Attends encore. Les jeunes gens que tu as arrêtés...

— Les compagnons de Jehu ?

— Oui... Eh bien, il paraît que tout cela appartient à des familles nobles ; ce sont des fanatiques plutôt que des coupables. Il paraît que ta mère, victime de je ne sais quelle surprise judiciaire, a témoigné dans leur procès et a été cause de leur condamnation.

— C'est possible. Ma mère, comme vous le savez, avait été arrêtée par eux et avait vu la figure de leur chef.

— Eh bien, ta mère me supplie, par l'intermédiaire de Joséphine, de faire grâce à ces pauvres fous : c'est le terme dont elle se sert. Ils se sont pourvus en cassation. Tu arriveras avant que le pourvoi soit rejeté, et si tu juges la chose convenable, tu diras de ma part au ministre de la justice de surseoir. A ton retour, nous verrons ce qu'il y aura à faire définitivement.

— Merci, général. N'avez-vous rien autre chose à me dire ?

— Non, si ce n'est de penser à la conversation que nous venons d'avoir.

— A propos ?

— A propos de mariage.

— Eh bien, je vous dirai comme vous disiez vous-même tout à l'heure : nous parlerons de cela à mon retour, si je reviens.

— Oh! pardieu! fit Bonaparte, tu tueras encore celui-là comme tu as tué les autres, je suis bien tranquille ; cependant, je te l'avoue, si tu le tues, je le regretterai.

— Si vous devez le regretter tant que cela, général, il est bien facile que ce soit moi qui sois tué à sa place.

— Ne va pas faire une bêtise comme celle-là, niais! fit vivement le premier consul; je te regretterais encore bien davantage.

— En vérité, mon général, fit Roland avec son rire saccadé, vous êtes l'homme le plus difficile à contenter que je connaisse.

Et cette fois il reprit le chemin de Chivasso, sans que le général le retînt.

Une demi-heure après, Roland galopait sur la route d'Ivrée dans une voiture de poste; il devait voyager ainsi jusqu'à Aoste; à Aoste, prendre un mulet, traverser le Saint-Bernard, descendre à Martigny, et, par Genève, gagner Bourg, et de Bourg, Paris.

Pendant que Roland galope, voyons ce

qui s'était passé en France, et éclaircissons les points qui peuvent être restés obscurs pour nos lecteurs dans la conversation que nous venons de rapporter entre Bonaparte et son aide-de-camp.

XIV

Le jugement.

Les prisonniers faits par Roland dans la grotte de Ceyzeriat n'avaient passé qu'une nuit seulement dans la prison de Bourg, et avaient été immédiatement transférés dans celle de Besançon, où ils devaient comparaître devant un conseil de guerre.

On se rappelle que deux de ces prisonniers avaient été si grièvement blessés, qu'on avait été obligé de les transporter sur des brancards ; l'un était mort le même soir, l'autre trois jours après son arrivée à Besançon.

Le nombre des prisonniers était donc réduit à quatre : Morgan, qui s'était rendu volontairement et qui était sain et sauf, et Montbar, Adler et d'Assas, qui avaient été plus ou moins blessés pendant le combat, mais dont aucun n'avait reçu de blessures dangereuses.

Ces quatre pseudonymes cachaient, on

se le rappellera, les noms du baron de Sainte-Hermine, du comte de Jahiat, du vicomte de Valensolle et du marquis de Ribier.

Pendant que l'on instruisait, devant la commission militaire de Besançon, le procès des quatre prisonniers, arriva l'expiration de la loi qui soumettait aux tribunaux militaires les délits d'arrestation de diligences sur les grands chemins.

Les prisonniers se trouvaient dès-lors passibles des tribunaux civils.

C'était une grande différence pour eux, non point relativement à la peine, mais quant au mode d'exécution de la peine.

Condamnés par les tribunaux militaires, ils étaient fusillés; condamnés par les tribunaux civils, ils étaient guillotinés.

La fusillade n'était point infamante, la guillotine l'était.

Du moment où ils devaient être jugés par un jury, leur procès relevait du jury de Bourg.

Vers la fin de mars, les accusés avaient donc été transférés des prisons de Besançon dans celles de Bourg, et l'instruction avait commencé.

Mais les quatre accusés avaient adopté

un système qui ne laissait pas que d'embarrasser le juge d'instruction.

Ils déclaraient s'appeler le baron de Sainte-Hermine, le comte de Jahiat, le vicomte de Valensolle et le marquis de Ribier, mais n'avoir jamais eu aucune relation avec les détrousseurs de diligences qui s'étaient fait appeler Morgan, Montbar, Adler et d'Assas.

Ils avouaient bien avoir fait partie d'un rassemblement à main armée; mais ce rassemblement appartenait aux bandes de M. de Teyssonnet, et était une ramification de l'armée de Bretagne, destinée à opérer dans le Midi ou dans l'Est, tandis que l'armée de Bretagne, qui venait de signer la paix, était destinée à opérer dans l'Ouest.

Ils n'attendaient eux-mêmes que la soumission de Cadoudal pour faire la leur, et l'avis de leur chef allait sans doute leur arriver, quand ils avaient été attaqués et pris.

La preuve contraire était difficile à fournir; la spoliation des diligences avait toujours été faite par des hommes masqués, et, à part madame de Montrevel et sir John, personne n'avait jamais vu le visage de nos aventuriers.

On se rappelle dans quelles circonstances : sir John, dans la nuit où il avait été jugé, condamné, frappé, par eux; madame de Montrevel, lors de l'arrestation de la diligence, et quand, en se débattant dans une crise nerveuse, elle avait fait tomber le masque de Morgan.

Tous deux avaient été appelés devant le juge d'instruction, tous deux avaient été confrontés avec les quatre accusés ; mais sir John et madame de Montrevel avaient déclaré ne reconnaître aucun de ces derniers.

D'où venait cette réserve ?

De la part de madame de Montrevel, elle était compréhensible : madame de Montrevel avait gardé une double reconnaissance à l'homme qui avait sauvegardé son fils Édouard, et qui lui avait porté des secours à elle.

De la part de sir John, le silence était plus difficile à expliquer; car, bien certainement, parmi les quatre prisonniers, sir John reconnaissait au moins deux de ses assassins.

Eux l'avaient reconnu, et un certain frissonnement avait passé dans leurs veines à sa vue, mais ils n'en avaient pas moins résolûment fixé leurs regards sur lui, lorsque, à leur grand étonnement, sir John, malgré l'insistance du juge, avait obstinément répondu :

— *Je n'ai pas l'honneur de reconnaître ces messieurs.*

Amélie, — nous n'avons point parlé d'elle : il y a des douleurs que la plume ne doit pas même essayer de peindre ; — Amélie, pâle, fiévreuse, mourante, depuis la nuit fatale où Morgan avait été arrêté, Amélie attendait avec anxiété le retour de sa mère et de lord Tanlay de chez le juge d'instruction.

Ce fut lord Tanlay qui rentra le premier ; madame de Montrevel était restée un peu en arrière pour donner des ordres à Michel

Dès qu'elle aperçut sir John, Amélie s'élança vers lui en s'écriant :

— Eh bien ?

Sir John regarda autour de lui pour s'assurer que madame de Montrevel ne pouvait ni le voir ni l'entendre.

— Ni votre mère ni moi n'avons reconnu personne, répondit-il.

— Ah! que vous êtes noble! que vous êtes généreux! que vous êtes bon, milord! s'écria la jeune fille en essayant de baiser la main de sir John.

Mais lui, retirant sa main :

— Je n'ai fait que tenir ce que je vous

avais promis, dit-il ; mais silence ! voici votre mère.

Amélie fit un pas en arrière.

— Ainsi, madame, dit-elle, vous n'avez pas contribué à compromettre ces malheureux ?

— Comment, répondit madame de Montrevel, voulais-tu que j'envoyasse à l'échafaud un homme qui m'avait porté secours, et qui, au lieu de frapper Édouard, l'avait embrassé ?

— Et cependant, madame, demanda Amélie toute tremblante, vous l'aviez reconnu ?

— Parfaitement, répondit madame de Montrevel ; c'est le blond avec des sourcils et des yeux noirs, celui qui se fait appeler Charles de Sainte-Hermine.

Amélie jeta un cri étouffé ; puis, faisant un effort sur elle-même :

— Alors, dit-elle, tout est fini pour vous et pour milord, et vous ne serez plus appelés ?

— Il est probable que non, répondit madame de Montrevel.

— En tout cas, répondit sir John, je crois que, comme moi, qui n'ai effectivement reconnu personne, madame de

Montrevel persisterait dans sa déposition.

— Oh! bien certainement, fit madame de Montrevel; Dieu me garde de causer la mort de ce malheureux jeune homme! je ne me le pardonnerais jamais; c'est bien assez que lui et ses compagnons aient été arrêtés par Roland.

Amélie poussa un soupir; cependant, un peu de calme se répandit sur son visage.

Elle jeta un regard de reconnaissance à sir John et remonta dans son appartement, où l'attendait Charlotte.

Charlotte était devenue pour Amélie plus qu'une femme de chambre, elle était devenue presque une amie.

Tous les jours, depuis que les accusés avaient été ramenés à la prison de Bourg, Charlotte allait passer une heure près de son père.

Pendant cette heure, il n'était question que des prisonniers, que le digne geôlier, en sa qualité de royaliste, plaignait de tout son cœur.

Charlotte se faisait renseigner sur les moindres paroles, et, chaque jour, elle rapportait à Amélie des nouvelles des accusés.

C'était sur ces entrefaites qu'étaient arrivés aux Noires-Fontaines madame de Montrevel et sir John.

Avant de quitter Paris, le premier consul avait fait dire par Roland, et redire par Joséphine, à madame de Montrevel, qu'il désirait que le mariage eût lieu en son absence, et le plus promptement possible.

Sir John, en partant avec madame de Montrevel pour les Noires-Fontaines, avait déclaré que ses désirs les plus ardents seraient accomplis par cette union, et qu'il n'attendait que les ordres d'Amélie pour devenir le plus heureux des hommes.

Les choses étant arrivées à ce point, madame de Montrevel, — le matin même du jour où sir John et elle devaient déposer comme témoins, — avait autorisé un tête-à-tête entre sir John et sa fille.

L'entrevue avait duré plus d'une heure, et sir John n'avait quitté Amélie que pour monter en voiture avec madame de Montrevel et aller faire sa déposition.

Nous avons vu que cette déposition avait été toute à la décharge des accusés ; nous avons vu encore comment, à son retour, sir John avait été reçu par Amélie.

Le soir, madame de Montrevel avait

eu à son tour une conférence avec sa fille.

Aux instances pressantes de sa mère, Amélie s'était contentée de répondre que son état de souffrance lui faisait désirer l'ajournement de son mariage, mais qu'elle s'en rapportait sur ce point à la délicatesse de lord Tanlay.

Le lendemain, madame de Montrevel avait été forcée de quitter Bourg pour revenir à Paris, sa position près de madame Bonaparte ne lui permettant pas une longue absence.

Le matin du départ, elle avait fortement

insisté pour qu'Amélie l'accompagnât à Paris; mais Amélie s'était, sur ce point encore, appuyée de la faiblesse de sa santé. On allait entrer dans les mois doux et vivifiants de l'année, dans les mois d'avril et de mai; elle demandait à passer ces deux mois à la campagne, certaine, disait-elle, que ces deux mois lui feraient du bien.

Madame de Montrevel ne savait rien refuser à Amélie, surtout lorsqu'il s'agissait de sa santé.

Ce nouveau délai fut accordé à la malade.

Comme, pour venir à Bourg, madame

de Montrevel avait voyagé avec lord Tanlay, pour retourner à Paris, elle voyagea avec lui ; à son grand étonnement, pendant les deux jours que dura le voyage, sir John ne lui avait pas dit un mot de son mariage avec Amélie.

Mais madame Bonaparte, en revoyant son amie, lui avait fait sa question accoutumée :

— Eh bien ! quand marions-nous Amélie avec sir John ? Vous savez que ce mariage est un des désirs du premier consul !

Ce à quoi madame de Montrevel avait répondu :

— La chose dépend entièrement de lord Tanlay.

Cette réponse avait longuement fait réfléchir madame Bonaparte. Comment, après avoir paru d'abord si empressé, lord Tanlay était-il devenu si froid?

Le temps seul pouvait expliquer un pareil mystère.

Le temps s'écoulait et le procès des prisonniers s'instruisait.

On les avait confrontés avec tous les voyageurs qui avaient signé les différents procès-verbaux que nous avons vus entre les mains du ministre de la police; mais aucun des voyageurs n'avait pu les reconnaître, aucun ne les ayant vus à visage découvert.

Les voyageurs avaient, en outre, attesté qu'aucun objet leur appartenant, argent ou bijoux, ne leur avait été pris.

Jean Picot avait attesté qu'on lui avait rapporté les cent louis qui lui avaient été enlevés par mégarde.

L'instruction avait pris deux mois, et, au bout de ces deux mois, les accusés, dont nul n'avait pu constater l'identité, restaient sous le seul poids de leurs propres aveux : c'est-à-dire qu'affiliés à la révolte bretonne et vendéenne, ils faisaient simplement partie des bandes armées qui parcouraient le Jura sous les ordres de M. de Teyssonnet.

Les juges avaient, autant que possible, retardé l'ouverture des débats, espérant toujours que quelque témoin à charge se produirait; leur espérance avait été trompée.

Personne, en réalité, n'avait souffert des faits imputés aux quatre jeunes gens, à l'exception du Trésor, dont le malheur n'intéressait personne.

Il fallait bien ouvrir les débats.

De leur côté, les accusés avaient mis le temps à profit.

On a vu qu'au moyen d'un habile échange de passe-ports, Morgan voyageait sous le nom de Ribier, Ribier sous celui de Sainte-Hermine, et ainsi des autres; il en était résulté dans les témoignages des aubergistes une confusion que leurs livres étaient encore venus augmenter.

L'arrivée des voyageurs, consignée sur les registres une heure plus tôt ou une heure plus tard, appuyait des alibi irrécusables.

Il y avait conviction morale chez les juges; seulement cette conviction était impuissante devant les témoignages.

Puis, il faut le dire, d'un autre côté, il y avait pour les accusés sympathie complète dans le public.

Les débats s'ouvrirent.

La prison de Bourg est attenante au prétoire; par les corridors intérieurs, on pouvait conduire les prisonniers à la salle d'audience.

Si grande que fût cette salle d'audience, elle fut encombrée le jour de l'ouverture des débats; toute la ville de Bourg se pressait aux portes du tribunal, et l'on était venu de Macon, de Lons-le-Saulnier, de Besançon et de Nantua, tant les arrestations de diligences avaient fait de bruit, lant les exploits des compagnons de Jehu étaient devenus populaires.

L'entrée des quatre accusés fut saluée d'un murmure qui n'avait rien de répulsif : on y démêlait en partie presque égale la curiosité et la sympathie.

Et leur présence était bien faite, il faut le dire, pour éveiller ces deux sentiments. Parfaitement beaux, mis à la dernière mode de l'époque, assurés sans impudence, souriants vis-à-vis de l'auditoire, courtois envers leurs juges, quoique railleurs parfois, leur meilleure défense était dans leur propre aspect.

Le plus âgé des quatre avait à peine trente ans.

Interrogés sur leurs noms, prénoms, âge et lieu de naissance, ils répondirent se nommer :

Charles de Sainte-Hermine, né à Tours, département d'Indre-et-Loire, âgé de vingt-quatre ans ;

Louis-André de Jahiat, né à Bagé-le-Château, département de l'Ain, âgé de vingt-neuf ans ;

Raoul-Frédéric-Auguste de Valensolle, né à Sainte-Colombe, département du Rhône, âgé de vingt-sept ans ;

Pierre-Hector de Ribier, né à Bollène, département de Vaucluse, âgé de vingt-six ans.

Interrogés sur leur condition et leur
état, tous quatre déclarèrent être gentilshommes et royalistes.

Ces quatre beaux jeunes qui se défen-
daient contre la guillotine, mais non contre la fusillade, qui demandaient la mort,
qui déclaraient l'avoir méritée, mais qui
voulaient la mort des soldats, formaient
un groupe admirable de jeunesse, de courage et de générosité.

Aussi les juges comprenaient que, sous
la simple accusation de rébellion à main
armée, la Vendée étant soumise, la Bretagne pacifiée, ils seraient acquittés.

Et ce n'était point cela que voulait le

ministre de la police; la mort prononcée par un conseil de guerre ne lui suffisait même pas, il lui fallait la mort déshonorante, la mort des malfaiteurs, la mort des infâmes.

Les débats étaient ouverts depuis trois jours et n'avaient pas fait un seul pas dans le sens du ministère public. Charlotte, qui par la prison pouvait pénétrer la première dans la salle d'audience, assistait chaque jour aux débats, et chaque soir venait rapporter à Amélie une parole d'espérance.

Le quatrième jour, Amélie n'y put tenir; elle avait fait faire un costume exactement pareil à celui de Charlotte; seulement, la dentelle noire qui enveloppait le chapeau était plus longue et plus épaisse qu'aux chapeaux ordinaires.

Il formait un voile et empêchait que l'on ne pût voir le visage.

Charlotte présenta Amélie à son père, comme une de ses jeunes amies curieuse d'assister aux débats ; le bonhomme Courtois ne reconnut point mademoiselle de Montrevel, et, pour qu'elles vissent bien les accusés, il les plaça dans le corridor où ceux-ci devaient passer et qui conduisait de la chambre du concierge du présidial à la salle d'audience.

Le corridor était si étroit au moment où l'on passait de la chambre du concierge à l'endroit que l'on désignait sous le nom de bûcher, que, des quatre gendarmes qui accompagnaient les prisonniers, deux passaient d'abord, puis venaient les prisonniers un à un, puis les deux derniers gendarmes.

Ce fut dans le rentrant de la porte du bûcher que se rangèrent Charlotte et Amélie.

Lorsqu'elle entendit ouvrir les portes, Amélie fut obligée de s'appuyer sur l'épaule de Charlotte; il lui semblait que la terre manquait sous ses pieds et la muraille derrière elle.

Elle entendit le bruit des pas, les sabres

retentissants des gendarmes; enfin, la porte de communication s'ouvrit.

Un gendarme passa.

Puis un second.

Sainte-Hermine marchait le premier, comme s'il se fût encore appelé Morgan.

Au moment où il passait :

— Charles ! murmura Amélie.

Le prisonnier reconnut la voix adorée, poussa un faible cri et sentit qu'on lui glissait un billet dans la main.

Il serra cette chère main, murmura le nom d'Amélie et passa.

Les autres vinrent ensuite et ne remarquèrent point ou firent semblant de ne point remarquer les deux jeunes filles.

Quant aux gendarmes, ils n'avaient rien vu ni entendu.

Dès qu'il fut dans un endroit éclairé, Morgan déplia le billet.

Il ne contenait que ces mots :

« Sois tranquille, mon Charles, je suis et serai ta fidèle Amélie dans la vie comme dans la mort. J'ai tout avoué à lord Tanlay ; c'est l'homme le plus généreux de la terre : j'ai sa parole qu'il rompra le mariage et prendra sur lui la responsabilité de cette rupture. Je t'aime ! »

Morgan baisa le billet et le posa sur son cœur ; puis il jeta un regard du côté du corridor; les deux jeunes Bressanes étaient appuyées contre la porte.

Amélie avait tout risqué pour le voir une fois encore.

Il est vrai que l'on espérait que cette séance serait suprême s'il ne se présentait point de nouveaux témoins à charge : il était impossible de condamner les accusés, vu l'absence de preuves.

Les premiers avocats du département, ceux de Lyon, ceux de Besançon avaient été appelés par les accusés pour les défendre.

Ils avaient parlé, chacun à son tour, détruisant pièce à pièce l'acte d'accusation, comme, dans un tournoi du moyen-âge, un champion adroit et fort faisait tomber pièce à pièce l'armure de son adversaire.

De flatteuses interruptions avaient, malgré les avertissements des huissiers et les admonestations du président, accueilli les parties les plus remarquables de ces plaidoyers.

Amélie, les mains jointes, remerciait Dieu, qui se manifestait si visiblement en faveur des accusés ; un poids affreux s'écartait de sa poitrine brisée ; elle respirait avec délices, et elle regardait, à travers des larmes de reconnaissance, le christ placé au-dessus de la tête du président.

Les débats allaient être fermés.

Tout à coup, un huissier entra, s'approcha du président et lui dit quelques mots à l'oreille.

— Messieurs, dit le président, la séance est supendue ; que l'on fasse sortir les accusés.

Il y eut un mouvement d'inquiétude fébrile dans l'auditoire.

Qu'était-il arrivé de nouveau ? qu'allait-il se passer d'inattendu ?

Chacun regarda son voisin avec anxiété. Un pressentiment serra le cœur d'Amélie, elle porta la main à sa poitrine, elle avait senti quelque chose de pareil à un fer glacé, pénétrant jusqu'aux sources de sa vie.

Les gendarmes se levèrent, les accusés les suivirent et reprirent le chemin de leur cachot.

Ils repassèrent les uns après les autres devant Amélie.

Les mains des deux jeunes gens se touchèrent ; la main d'Amélie était froide comme celle d'une morte.

— Quoi qu'il arrive, merci, dit Charles en passant.

Amélie voulut lui répondre ; les paroles expirèrent sur ses lèvres.

Pendant ce temps, le président s'était levé et avait passé dans la chambre du conseil.

Il y avait trouvé une femme voilée qui venait de descendre de voiture à la porte même du tribunal, et qu'on avait amenée où elle était sans qu'elle eût échangé une seule parole avec qui que ce fût.

— Madame, lui dit-il, je vous présente toutes mes excuses pour la façon un peu brutale dont, en vertu de mon pouvoir discrétionnaire, je vous ai fait prendre à Paris et conduire ici ; mais il y va de la vie d'un homme, et, devant cette considération, toutes les autres ont dû se taire.

— Vous n'avez pas besoin de vous excuser, monsieur, répondit la dame voilée : je sais quelles sont les prérogatives de la justice, et me voici à ses ordres.

— Madame, reprit le président, le tribunal et moi apprécions le sentiment d'exquise délicatesse qui vous a poussée, au moment de votre confrontation avec les accusés, à ne pas vouloir reconnaître celui qui vous avait porté des secours; alors, les accusés niaient leur identité avec les spoliateurs de diligences; depuis, ils ont tout avoué ! seulement, nous avons besoin de connaître celui qui vous a donné cette marque de courtoisie de vous secourir, afin de le recommander à la clémence du premier consul.

— Comment! s'écria la dame voilée, ils ont avoué ?

— Oui, madame ; mais ils s'obstinent à taire celui d'entre eux qui vous a secourue; sans doute craignent-ils de vous mettre en contradiction avec votre témoignage, et ne veulent-ils pas que l'un deux achète sa grâce à ce prix.

— Et que demandez-vous de moi, monsieur?

— Que vous sauviez votre sauveur.

— Oh! bien volontiers, dit la dame en se levant; qu'aurai-je à faire ?

— A répondre à la question qui vous sera adressée par moi.

— Je me tiens prête, monsieur.

— Attendez un instant ici; vous serez introduite dans quelques secondes.

Le président rentra.

Un gendarme placé à chaque porte empêchait que personne, ne communiquât avec la dame voilée.

Le président reprit sa place.

— Messieurs, dit-il, la séance est rouverte.

Il se fit un grand murmure; les huissiers crièrent silence.

Le silence se rétablit.

— Introduisez le témoin, dit le président.

Un huissier ouvrit la porte du conseil ; la dame voilée fut introduite.

Tous les regards se portèrent sur elle.

Quelle était cette dame voilée? que venait-elle faire? à quelle fin était-elle appelée ?

Avant ceux de personne, les yeux d'Amélie s'étaient fixés sur elle.

— Oh! mon Dieu, murmura-t-elle, j'espère que je me trompe.

— Madame, dit le président, les accusés vont rentrer dans cette salle; désignez à la justice celui d'entre eux qui, lors de l'arrestation de la diligence de Genève, vous a prodigué des soins si touchants.

Un frissonnement courut dans l'assemblée; on comprit qu'il y avait quelque piége sinistre tendu sous les pas des accusés.

Dix voix allaient s'écrier : « Ne parlez

pas ! » lorsque, sur un signe du président, l'huissier d'une voix impérative cria :

— Silence !

Un froid mortel enveloppa le cœur d'Amélie, une sueur glacée perla sur son front, ses genoux plièrent et tremblèrent sous elle.

— Faites entrer les accusés, dit le président en imposant silence du regard comme l'huissier l'avait fait de la voix, et vous, madame, avancez, levez votre voile.

La dame voilée obéit à ces deux invitations.

— Ma mère ! s'écria Amélie, mais d'une

voix assez sourde pour que ceux qui l'entouraient l'entendissent seuls.

— Madame de Montrevel! murmura l'auditoire.

En ce moment, le premier gendarme parut à la porte, puis le second; après lui venaient les accusés, mais dans un autre ordre : Morgan s'était placé le troisième, afin que, séparé qu'il était des gendarmes par Montbar et Adler, qui marchait devant lui, et par d'Assas, qui marchait derrière, il pût serrer plus facilement la main d'Amélie.

Montbar entra donc d'abord.

Madame de Montrevel secoua la tête.

Puis vint Adler.

Madame de Montrevel fit le même signe de dénégation.

En ce moment, Morgan passait devant Amélie.

— Oh! nous sommes perdus! dit-elle.

Il la regarda avec étonnement; une main convulsive serrait la sienne.

Il entra.

— C'est monsieur, dit madame de Montrevel en apercevant Morgan, ou, si vous le voulez, le baron Charles de Sainte-Hermine, qui ne faisaient plus qu'un seul et même homme du moment où madame de Montrevel venait de donner cette preuve d'identité.

Ce fut dans tout l'auditoire un long cri de douleur.

Montbar éclata de rire.

— Oh! par ma foi, dit-il, cela t'apprendra, cher ami, à faire le galant près des femmes qui se trouvent mal.

Puis, se retournant vers madame de Montrevel :

— Madame, lui dit-il, avec deux mots vous venez de faire tomber quatre têtes.

Il se fit un silence terrible, au milieu duquel un seul gémissement se fit entendre.

— Huissier, dit le président, n'avez-vous pas prévenu le public que toute marque d'approbation ou d'improbation était défendue?

L'huissier s'informa pour savoir qui avait manqué à la justice en poussant ce gémissement.

C'était une femme portant le costume de Bressane, et que l'on venait d'emporter chez le concierge de la prison.

Dès-lors, les accusés n'essayèrent même

plus de nier; seulement, de même que Morgan s'était réuni à eux, ils se réunirent à lui.

Leurs quatre têtes devaient être sauvées ou tomber ensemble.

Le même jour, à dix heures du soir, le jury déclara les accusés coupables, et la cour prononça la peine de mort.

Trois jours après, à force de prières, les avocats obtinrent que les accusés se pourvussent en cassation.

Mais ils ne purent obtenir qu'ils se pourvussent en grâce.

XV

Où Amélie tient sa parole.

Le verdict rendu par le jury de la ville de Bourg avait produit un effet terrible, non-seulement dans la salle d'audience, mais encore dans toute la ville.

Il y avait parmi les quatre accusés un

tel accord de fraternité chevaleresque, une telle élégance de manières, une telle conviction dans la foi qu'ils professaient, que leurs ennemis eux-mêmes admiraient cet étrange dévoûment qui avait fait des voleurs de grand chemin de gentilshommes de naissance et de nom.

Madame de Montrevel, désespérée de la part qu'elle venait de prendre au procès, et du rôle qu'elle avait bien involontairement joué dans ce drame au dénoûment mortel, n'avait vu qu'un moyen de réparer le mal qu'elle avait fait : c'était de repartir à l'instant même pour Paris, de se jeter aux pieds du premier consul et de lui demander la grâce des quatre condamnés.

Elle ne prit pas même le temps d'aller embrasser Amélie au château des Noires-Fontaines ; elle savait que le départ de Bonaparte était fixé aux premiers jours de mai, et l'on était au 6.

Lorsqu'elle avait quitté Paris, tous les apprêts du départ étaient faits.

Elle écrivit un mot à sa fille, lui expliqua par quelle fatale suggestion elle venait, en essayant de sauver un des accusés, de les faire condamner à mort tous les quatre.

Puis, comme si elle eût eu honte d'avoir manqué à la promesse qu'elle avait faite à Amélie, et surtout qu'elle s'était faite à elle-même, elle envoya chercher des chevaux frais à la poste, remonta en voiture et repartit pour Paris.

Elle y arriva le 8 au matin.

Bonaparte en était parti le 6 au soir.

Il avait dit, en partant, qu'il n'allait qu'à Dijon, peut-être à Genève, mais qu'en tout cas il ne serait pas plus de trois semaines absent.

Le pourvoi des condamnés, fût-il rejeté, devait prendre au moins cinq ou six semaines.

Tout espoir n'était donc point perdu.

Mais il le fut, lorsqu'on apprit que la revue de Dijon n'était qu'un prétexte, que le voyage à Genève n'avait jamais été sérieux, et que Bonaparte, au lieu d'aller en Suisse, allait en Italie.

Alors, madame de Montrevel, ne voulant pas s'adresser à son fils, quand elle savait le serment qu'il avait fait au moment où lord Tanlay avait été assassiné, et la part qu'il avait prise à l'arrestation des compagnons de Jehu ; alors, disons-nous, madame de Montrevel s'adressa à Joséphine : Joséphine promit d'écrire à Bonaparte.

Le soir même, elle tint parole.

Mais le procès avait fait grand bruit ; il

n'en était point de ces accusés-là comme d'accusés ordinaires, la justice fit diligence, et, le trente-cinquième jour après le jugement, le pourvoi en cassation fut rejeté.

Le rejet fut expédié immédiatement à Bourg, avec ordre d'exécuter les condamnés dans les vingt-quatre heures.

Mais quelque diligence qu'eût faite le ministère de la justice, l'autorité judiciaire ne fut point prévenue la première.

Tandis que les prisonniers se promenaient dans la cour intérieure, une pierre passa par-dessus les murs et vint tomber à leurs pieds.

Une lettre était attachée à cette pierre.

Morgan, qui avait, à l'endroit de ses compagnons, conservé, même en prison, la supériorité d'un chef, ramassa la pierre, ouvrit la lettre et la lut.

Puis, se tournant vers ses compagnons

— Messieurs, dit-il, notre pourvoi est rejeté, comme nous devions nous y attendre, et selon toute probabilité, la cérémonie aura lieu demain.

Valensolle et Ribier, qui jouaient au petit palet avec des écus de six livres et des louis, avaient quitté leur jeu pour écouter la nouvelle.

La nouvelle entendue, ils reprirent leur partie sans faire de réflexion.

Jahiat, qui lisait la *Nouvelle Héloïse*, reprit sa lecture en disant :

— Je crois que je n'aurai pas le temps de finir le chef-d'œuvre de M. Jean-Jacques Rousseau ; mais, sur l'honneur, je ne le regrette pas : c'est le livre le plus faux et le plus ennuyeux que j'aie lu de ma vie.

Sainte-Hermine passa la main sur son front en murmurant :

— Pauvre Amélie!

Puis, apercevant Charlotte, qui se tenait à la fenêtre de la geôle donnant dans la cour des prisonniers, il alla à elle :

— Dites à Amélie, fit-il, que c'est cette nuit qu'elle doit tenir la promesse qu'elle m'a faite.

La fille du geôlier referma la fenêtre et embrassa son père, en lui annonçant qu'il la reverrait, selon toute probabilité, dans dans la soirée.

Puis elle prit le chemin des Noires-Fontaines, chemin que depuis deux mois elle faisait tous les jours deux fois : une fois vers le milieu du jour pour aller à la prison, une fois le soir pour revenir au château.

Chaque soir, en rentrant, elle trouvait Amélie à la même place, c'est-à-dire à cette fenêtre qui, dans des jours plus heureux, s'ouvrait pour donner passage à son bien-aimé Charles.

Depuis le jour de son évanouissement, à la suite du verdict du jury, Amélie n'avait pas versé une larme, et nous pourrions presque ajouter n'avait pas prononcé une parole.

Au lieu d'être le marbre de l'antiquité s'animant pour devenir femme, on eût pu croire que c'était l'être animé qui peu à peu se pétrifiait.

Chaque jour, il semblait qu'elle fut devenue un peu plus pâle, un peu plus glacée.

Charlotte la regardait avec étonnement : les esprits vulgaires, très impressionnables aux bruyantes démonstrations, c'est-à-dire aux cris et aux pleurs, ne comprennent rien aux douleurs muettes.

Il semble que pour eux le mutisme c'est l'indifférence.

Elle fut donc étonnée du calme avec lequel Amélie reçut le message qu'elle était chargée de transmettre.

Elle ne vit pas que son visage, plongé dans la demi-teinte du crépuscule, passait de la pâleur à la lividité; elle ne sentit point l'étreinte mortelle qui, comme une tenaille de fer, lui broya le cœur; elle ne comprit point, lorsqu'elle se leva de sa chaise et qu'elle s'achemina vers la porte, qu'une roideur plus automatique encore que de coutume accompagnait ses mouvements.

Seulement, elle s'apprêta à la suivre.

Mais, arrivée à la porte, Amélie étendit la main.

— Attends-moi là, dit-elle.

Charlotte obéit.

Amélie referma la porte derrière elle et monta à la chambre de Roland.

La chambre de Roland était une véritable chambre de soldat et de chasseur, dont le principal ornement était des panoplies et des trophées.

Il y avait là des armes de toute espèce, indigènes et étrangères, depuis les pistolets aux canons azurés de Versailles jusqu'aux pistolets à pommeau d'argent du Caire, depuis le couteau catalan jusqu'au cangiar turc.

Elle détacha des trophées quatre poignards aux lames tranchantes et aiguës ; elle enleva aux panoplies huit pistolets de différentes formes.

Elle prit des balles dans un sac, de la poudre dans une corne.

Puis elle descendit rejoindre Charlotte.

Dix minutes après, aidée de sa femme de chambre, elle avait revêtu son costume de Bressane.

On attendit la nuit; la nuit vient tard au mois de juin.

Amélie resta debout, immobile, muette, appuyée à sa cheminée éteinte, regardant par la fenêtre ouverte le village de Ceyzeriat, qui disparaissait peu à peu dans les ombres crépusculaires.

Lorsque Amélie ne vit plus rien que des

lumières s'allumant de place en place :

— Allons, dit-elle, il est temps.

Les deux jeunes filles sortirent, Michel ne fit point attention à Amélie, qu'il prit pour une amie de Charlotte qui était venue voir celle-ci et que celle-ci allait reconduire.

Dix heures sonnaient, comme les deux jeunes filles passaient devant l'église de Brou.

Il était dix heures un quart à peu près lorsque Charlotte frappa à la porte de la prison.

Le père Courtois vint ouvrir.

Nous avons dit quelles étaient les opinions politiques du digne geôlier.

Le père Courtois était royaliste.

Il avait donc été pris d'une profonde sympathie pour les quatre condamnés; il espérait, comme tout le monde, que madame de Montrevel, dont on connaissait le désespoir, obtiendrait leur grâce du premier consul, et, autant qu'il avait pu le faire sans manquer à ses devoirs, il avait adouci la captivité de ses prisonniers en écartant d'eux toute rigueur inutile.

Il est vrai que, d'un autre côté, malgré cette sympathie, il avait refusé soixante mille francs en or, — somme qui, à cette époque, valait le triple de ce qu'elle vaut aujourd'hui, — pour les sauver.

Mais, nous l'avons vu, mis dans la confidence par sa fille Charlotte, il avait autorisé Amélie, déguisée en Bressane, à assister au jugement.

On se rappelle les soins et les égards que le digne homme avait eus pour Amélie, lorsque elle-même avait été prisonnière avec madame de Montrevel.

Cette fois encore, et comme il ignorait le rejet du pourvoi, il se laissa facilement attendrir.

Charlotte lui dit que sa jeune maîtresse allait dans la nuit même partir pour Paris, afin de hâter la grâce, et qu'avant de partir elle venait prendre congé du baron de Sainte-Hermine et lui demander ses instructions pour agir.

Il y avait cinq portes à forcer pour gagner celle de la rue; un corps-de-garde dans la cour, une sentinelle intérieure et une extérieure; par conséquent, le père Courtois n'avait point à craindre que les prisonniers ne s'évadassent.

Il permit donc qu'Amélie vît Morgan.

Qu'on nous excuse de dire tantôt Morgan, tantôt Charles, tantôt le baron de Sainte-Hermine; nos lecteurs savent bien que, par cette triple appellation, nous désignons le même homme.

Le père Courtois prit une lumière et marcha devant Amélie.

La jeune fille, comme si, en sortant de la prison, elle devait partir par la malle-poste, tenait à la main un sac de nuit.

Charlotte suivait sa maîtresse.

— Vous reconnaîtrez le cachot, mademoiselle de Montrevel ; c'est celui où vous avez été enfermée avec madame votre mère. Le chef de ces malheureux jeunes gens, le baron Charles de Saint-Hermine, m'a demandé comme une grande faveur la cage n° 1. Vous savez que c'est le nom que nous donnons à nos cellules. Je n'ai pas cru devoir lui refuser cette consolation, sachant que le pauvre garçon vous aimait. Oh ! soyez tranquille, mademoiselle Amélie : ce secret ne sortira jamais de ma bouche. Puis il m'a fait des questions, m'a demandé où était le lit de votre mère, où était le vôtre ; je le lui ai dit. Alors il a désiré que sa couchette fût placée juste au même endroit où la vôtre se trouvait ; ce n'était pas difficile : non-seulement elle était au même endroit, mais encore c'était la même. De sorte que, depuis le jour de son entrée dans votre prison, le pauvre jeune homme est resté presque constamment couché.

Amélie poussa un soupir qui ressemblait à un gémissement ; elle sentit, chose qu'elle n'avait jamais éprouvée depuis longtemps, une larme prête à mouiller sa paupière.

Elle était donc aimée comme elle aimait, et c'était une bouche étrangère et désintéressée qui lui en donnait la preuve.

Au moment d'une séparation éternelle, cette conviction était le plus beau diamant qu'elle pût trouver dans l'écrin de la douleur.

Les portes s'ouvrirent les unes après les autres devant le père Courtois.

Arrivée à la dernière, Amélie mit la main sur l'épaule du geôlier.

Il lui semblait entendre quelque chose comme un chant.

Elle écouta avec plus d'attention : une voix disait des vers.

Mais cette voix n'était point celle de Morgan ; cette voix lui était inconnue.

C'était à la fois quelque chose de triste comme une élégie, de religieux comme un psaume.

La voix disait :

J'ai révélé mon cœur au Dieu de l'innocence.
    Il a vu mes pleurs pénitents ;
Il guérit mes remords, il m'arme de constance :
    Les malheureux sont ses enfants.

Mes ennemis, riant, ont dit dans leur colère :
    « Qu'il meure, et sa gloire avec lui ! »
Mais à mon cœur calmé, le Seigneur dit en père :
    « Leur haine sera ton appui.

» A tes plus chers amis ils ont prêté leur rage ;
    Tout trompe ta simplicité :
Celui que tu nourris court vendre ton image,
    Noire de sa méchanceté.

» Mais Dieu t'entend gémir; Dieu, vers qui te ramène
    Un vrai remords né des douleurs ;
Dieu, qui pardonne enfin à la nature humaine
    D'être faible dans les malheurs.

» J'éveillerai pour toi la pitié, la justice
    De l'incorruptible avenir ;
Eux-mêmes épureront, par leur long artifice,
    Ton honneur qu'ils pensent ternir. »

Soyez béni, mon Dieu, vous qui daignez me rendre
    L'innocence et son noble orgueil ;
Vous qui, pour protéger le repos de ma cendre,
    Veillerez près de mon cercueil !

Au banquet de la vie, infortuné convive,
    J'apparus un jour, et je meurs ;
Je meurs et sur ma tombe. où lentement j'arrive,
    Nul ne viendra verser des pleurs.

Salut, champs que j'aimais, et vous, douce verdure,
    Et vous, riant exil des bois !
Ciel, pavillon de l'homme, admirable nature,
    Salut pour la dernière fois !

Ah ! puissent voir longtemps votre beauté sacrée
 Tant d'amis sourds à mes adieux !
Qu'ils meurent pleins de jours ! que leur mort soit pleurée !
 Qu'un ami leur ferme les yeux !

La voix se tut; sans doute, la dernière strophe était dite.

Amélie, qui n'avait pas voulu interrompre la méditation suprême des condamnés et qui avait reconnu la belle ode de Gilbert, écrite par lui sur le grabat d'un hôpital, la veille de sa mort, fit signe au geôlier qu'il pouvait ouvrir.

Le père Courtois, qui, tout geôlier qu'il était, semblait partager l'émotion de la jeune fille, fit le plus doucement qu'il pût tourner la clé dans la serrure : la porte s'ouvrit.

Amélie embrassa d'un coup d'œil l'ensemble du cachot et des personnages qui l'habitaient.

Valensolle, debout, appuyé à la muraille, tenait encore à la main le livre où il venait de lire les vers qu'Amélie avait entendus ; Jahiat était assis près d'une table, la tête appuyée sur sa main ; Ribier était assis sur la table même ; près de lui, au fond, Sainte-Hermine, les yeux fermés, et comme s'il eût été plongé dans le plus profond sommeil, était couché sur le lit.

A la vue de la jeune fille, qu'ils reconnurent pour Amélie, Jahiat et Ribier se levèrent.

Morgan resta immobile ; il n'avait rien entendu.

Amélie alla droit à lui, et, comme si le sentiment qu'elle éprouvait pour son amant était sanctifié par l'approche de la mort, sans s'inquiéter de la présence de ses trois amis, elle s'approcha de Morgan, et, tout en appuyant ses lèvres sur les lèvres du prisonnier, elle murmura :

— Réveille-toi, mon Charles ; c'est ton Amélie qui vient tenir sa parole.

Morgan jeta un cri joyeux et enveloppa la jeune fille de ses deux bras.

— Monsieur Courtois, dit Montbar, vous êtes un brave homme ; laissez ces deux pauvres jeunes gens ensemble : ce serait une impiété que de troubler par notre présence les quelques minutes qu'ils ont encore à rester ensemble sur la terre.

Le père Courtois, sans rien dire, ouvrit la porte du cachot voisin. Valensolle, Jahiat et de Ribier y entrèrent : il ferma la porte sur eux.

Puis, faisant signe à Charlotte de le suivre, il sortit à son tour.

Les deux amants se trouvèrent seuls.

Il y a des scènes qu'il ne faut pas tenter de peindre, des paroles qu'il ne faut pas essayer de répéter; Dieu, qui les écoute du haut de son trône immortel, pourrait seul dire ce qu'elles contiennent de sombres joies et de voluptés amères.

Au bout d'une heure, les deux jeunes gens entendirent la clé tourner de nouveau dans la serrure. Ils étaient tristes, mais calmes, et la conviction que leur séparation ne serait pas longue leur donnait cette douce sérénité.

Le digne geôlier avait l'air plus sombre et plus embarrassé encore à cette seconde apparition qu'à la première. Morgan et Amélie le remercièrent en souriant.

Il alla à la porte du cachot où étaient enfermés les trois amis et ouvrit cette porte en murmurant :

— Par ma foi, c'est bien le moins qu'ils passent cette nuit ensemble, puisque c'est leur dernière nuit.

Valensolle, Jahiat et Ribier rentrèrent.

Amélie, en tenant Morgan enveloppé dans son bras gauche, leur tendit la main à tous les trois.

Tous les trois baisèrent, l'un après l'autre, sa main froide et humide, puis Morgan la conduisit jusqu'à la porte.

— Au revoir ! dit Morgan.

— A bientôt ! dit Amélie.

Et ce rendez-vous pris dans la tombe fut scellé d'un long baiser, après lequel ils se séparèrent avec un gémissement si douloureux, qu'on eût dit que leurs deux cœurs venaient de se briser en même temps.

La porte se referma derrière Amélie, les verrous et les clés grincèrent.

— Eh bien? demandèrent ensemble Valensolle, Jahiat et Ribier.

— Voici, répondit Morgan en vidant sur la table le sac de nuit.

Les trois jeunes gens poussèrent un cri de joie en voyant ces pistolets brillants et ces lames aiguës.

C'était ce qu'ils pouvaient désirer de plus après la liberté; c'était la joie douloureuse et suprême de se sentir maîtres de leur vie, et, à la rigueur, de celle des autres.

Pendant ce temps, le geôlier reconduisait Amélie jusqu'à la porte de la rue.

Arrivé là, il hésita un instant ; puis, enfin, l'arrêtant par le bras :

— Mademoiselle de Montrevel, lui dit-il, pardonnez-moi de vous causer une telle douleur, mais il est inutile que vous alliez à Paris...

— Parce que le pourvoi est rejeté et que l'exécution a lieu demain, n'est-ce pas ? répondit Amélie.

Le geôlier, dans son étonnement, fit un pas en arrière.

— Je le savais, mon ami, continua Amélie.

Puis, se retournant vers sa femme de chambre :

— Conduis-moi jusqu'à la prochaine église, Charlotte, dit-elle ; tu viendras m'y reprendre demain lorsque tout sera fini.

La prochaine église n'était pas bien éloignée : c'était Sainte-Claire.

Depuis trois mois à peu près, sur les ordres du premier consul, elle venait d'être rendue au culte.

Comme il était tout près de minuit, l'église était fermée ; mais Charlotte connaissait la demeure du sacristain et elle se chargea de l'aller éveiller.

Amélie attendit debout, appuyée contre

la muraille, aussi immobile que les figures de pierre qui ornent la façade.

Au bout d'une demi-heure, le sacristain arriva.

Pendant cette demi-heure, Amélie avait vu passer une chose qui lui avait paru lugubre.

C'étaient trois hommes vêtus de noir, conduisant une charrette qu'à la lueur de la lune, elle avait reconnue être peinte en rouge.

Cette charrette portait des objets informes : planches démesurées, échelles étranges peintes de la même couleur ; elle se dirigeait du côté du bastion de Montrevel, c'est-à-dire vers la place des exécutions.

Amélie devina ce que c'était ; elle tomba à genoux et poussa un cri.

A ce cri, les hommes vêtus de noir se retournèrent ; il leur sembla qu'une des sculptures du porche s'était détachée de sa niche et s'était agenouillée.

Celui qui paraissait être le chef des hommes noirs fit quelques pas vers Amélie.

— Ne m'approchez pas, monsieur ! cria celle-ci ; ne m'approchez pas !

L'homme reprit humblement sa place et continua son chemin.

La charrette disparut au coin de la rue des Prisons; mais le bruit de ses roues retentit encore longtemps sur le pavé, et dans le cœur d'Amélie.

Lorsque le sacristain et Charlotte revinrent, ils trouvèrent la jeune fille à genoux.

Le sacristain fit quelques difficultés pour ouvrir l'église à une pareille heure; mais une pièce d'or et le nom de mademoiselle de Montrevel levèrent ses scrupules.

Une seconde pièce d'or le détermina à illuminer une petite chapelle.

C'était celle où, tout enfant, Amélie avait fait sa première communion.

Cette chapelle illuminée, Amélie s'agenouilla au pied de l'autel et demanda qu'on la laissât seule.

Vers trois heures du matin, elle vit s'éclairer la fenêtre aux vitraux de couleurs qui surmontait l'autel de la Vierge. Cette fenêtre s'ouvrait par hasard à l'orient, de sorte que le premier rayon du soleil vint droit à la jeune fille comme un messager de Dieu.

Peu à peu, la ville s'éveilla ; Amélie remarqua qu'elle était plus bruyante que d'habitude ; bientôt même les voûtes de l'église tremblèrent au bruit des pas d'une troupe de cavaliers ; cette troupe se rendait du côté de la prison.

Un peu avant neuf heures, la jeune fille entendit une grande rumeur, et il lui sembla que chacun se précipitait du même côté.

Elle essaya de s'enfoncer plus avant encore dans la prière pour ne plus entendre ces différents bruits, qui parlaient à son cœur une langue inconnue, et dont cependant les angoisses qu'elle éprouvait lui disaient tout bas qu'elle comprenait chaque mot.

C'est qu'en effet, il se passait à la prison une chose terrible, et qui méritait bien que tout le monde courût la voir.

Lorsque, vers neuf heures du matin, le père Courtois était entré dans leur cachot, pour annoncer aux condamnés tout à la fois que leur pourvoi était rejeté et qu'ils devaient se préparer à la mort, il les avait trouvés tous les quatre armés jusqu'aux dents.

Le geôlier, pris à l'improviste, fut attiré dans le cachot; la porte fut refermée derrière lui ; puis, sans qu'il essayât même de se défendre, tant sa surprise était inouïe, les jeunes gens lui arrachèrent son trousseau de clés, et, ouvrant puis refermant la porte située en face de celle par laquelle le geôlier était entré, ils le laissèrent enfermé à leur place, et se trouvèrent eux, dans le cachot voisin, où la veille, Valensolle, Jahiat et Ribier avaient attendu que l'entrevue entre Morgan et Amélie fût terminée.

Une des clés du trousseau ouvrait la seconde porte de cet autre cachot; cette porte donnait sur la cour des prisonniers.

La cour des prisonniers était, elle, fermée par trois portes massives qui, toutes trois, donnaient dans une espèce de couloir donnant lui-même dans la loge du concierge du présidial.

De cette loge du concierge du présidial, on descendait par quinze marches dans le préau du parquet, vaste cour fermée par une grille.

D'habitude, cette grille n'était fermée que la nuit.

Si, par hasard, les circonstances ne

l'avaient pas fait fermer le jour, il était possible que cette ouverture présentât une issue à leur fuite.

Morgan trouva la clé de la cour des prisonniers, l'ouvrit, se précipita, avec ses compagnons, de cette cour dans la loge du concierge du présidial, et s'élança sur le perron donnant dans le préau du tribunal.

Du haut de cette espèce de plate-forme, les quatre jeunes gens virent que tout espoir était perdu.

La grille du préau était fermée, et quatre-vingts hommes à peu près, tant gendarmes que dragons, étaient rangés devant cette grille.

A la vue des quatre condamnés libres et bondissant de la loge du concierge sur le perron, un grand cri, cri d'étonnement et de terreur tout à la fois, s'éleva de la foule.

En effet, leur aspect était formidable.

Pour conserver toute la liberté de leurs mouvements, et peut-être aussi pour dissimuler l'épanchement du sang qui se manifeste si vite sous une toile blanche, ils étaient nus jusqu'à la ceinture.

Un mouchoir, noué autour de leur taille, était hérissé d'armes.

Il ne leur fallut qu'un regard pour comprendre qu'ils étaient maîtres de leur vie, mais qu'ils ne l'étaient pas de leur liberté.

Au milieu des clameurs qui s'élevaient de la foule et du cliquetis des sabres qui sortaient des fourreaux, ils conférèrent un instant.

Puis, après leur avoir serré la main, Montbar, se détacha de ses compagnons, descendit les quinze marches et s'avança vers la grille.

Arrivé à quatre pas de cette grille, il jeta un dernier regard et un dernier sourire à ses compagnons, salua gracieusement la foule redevenue muette, et, s'adressant aux soldats :

— Très bien, messieurs les gendarmes! très bien, messieurs les dragons! dit-il.

Et, introduisant dans sa bouche l'extrémité du canon d'un de ses pistolets, il se fit sauter la cervelle.

Des cris confus et presque insensés suivirent l'explosion, mais cessèrent presque aussitôt ; Valensolle descendit à son tour : lui tenait simplement à la main un poignard à lame droite, aiguë, tranchante.

Ses pistolets, dont il ne paraissait pas disposé à faire usage, étaient restés à sa ceinture.

Il s'avança vers une espèce de petit hangar supporté par trois colonnes, s'arrêta à la première colonne, y appuya le pommeau du poignard, dirigea la pointe vers son cœur, prit la colonne entre ses bras, salua une dernière fois ses amis, et serra la colonne jusqu'à ce que la lame tout entière eût disparu dans sa poitrine.

Il resta un instant encore debout; mais une pâleur mortelle s'étendit sur son visage, puis ses bras se détachèrent, et il tomba mort au pied de la colonne.

Cette fois, la foule resta muette.

Elle était glacée d'effroi.

C'était le tour de Ribier : lui, tenait à la main ses deux pistolets.

Il s'avança jusqu'à la grille; puis, arrivé

là, il dirigea les canons de ses pistolets sur les gendarmes.

Il ne tira pas, mais les gendarmes tirèrent.

Trois ou quatre coups de feu se firent entendre, et Ribier tomba percé de deux balles.

Une sorte d'admiration venait de faire, parmi les assistants, place aux sentiments divers qui, à la vue de ces trois catastrophes successives, s'étaient succédé dans son cœur.

Elle comprenait que ces jeunes gens voulaient bien mourir, mais qu'ils tenaient à mourir comme ils l'entendraient, et surtout, comme des gladiateurs antiques, à mourir avec grâce.

Elle fit donc silence lorsque Morgan, resté seul, descendit en souriant les marches du perron, et fit signe qu'il voulait parler.

D'ailleurs, que lui manquait-il, à cette foule avide de sang? On lui donnait plus qu'on ne lui avait promis.

On lui avait promis quatre morts, mais quatre morts uniformes, quatre têtes tranchées; et on lui donnait quatre morts différentes, pittoresques, inattendues; il était donc bien naturel qu'elle fît silence lorsqu'elle vit s'avancer Morgan.

Morgan ne tenait à la main ni pistolets ni poignard : poignard et pistolets reposaient à sa ceinture.

Il passa près du cadavre de Valensolle, et vint se placer entre ceux de Jahiat et de Ribier.

— Messieurs, dit-il, transigeons.

Il se fit un silence comme si la respiration de tous les assistants était suspendue.

— Vous avez eu un homme qui s'est brûlé la cervelle (il désigna Jahiat); un autre qui s'est poignardé (il désigna Valensolle); un troisième qui a été fusillé (il désigna Ribier); vous voudriez voir guillotiner le quatrième, je comprends cela.

Il passa un frissonnement terrible dans la foule.

— Eh bien, continua Morgan, je ne demande pas mieux que de vous donner cette satisfaction. Je suis prêt à me laisser faire, mais je désire aller à l'échafaud de mon plein gré et sans que personne me touche; celui qui m'approche, *je le brûle*, — si ce n'est monsieur, continua Morgan en montrant le bourreau. C'est une affaire que nous avons ensemble et qui, de part et d'autre, ne demande que des procédés.

Cette demande, sans doute, ne parut pas exorbitante à la foule, car de toute part on entendit crier :

— Oui! oui! oui!

L'officier de gendarmerie vit que ce qu'il y avait de plus court était de passer par où voulait Morgan.

— Promettez-vous, dit-il, si l'on vous laisse les pieds et les mains libres, de ne point chercher à vous échapper?

— J'en donne ma parole d'honneur, reprit Morgan.

— Eh bien, dit l'officier de gendarmerie, éloignez-vous et laissez-nous enlever les cadavres de vos camarades.

— C'est trop juste, dit Morgan.

Et il alla, à dix pas d'où il était, s'appuyer contre la muraille.

La grille s'ouvrit.

Les trois hommes vêtus de noir entrèrent dans la cour, ramassèrent l'un après l'autre les trois corps.

Ribier n'était point tout à fait mort; il rouvrit les yeux et parut chercher Morgan.

— Me voilà, dit celui-ci, sois tranquille, cher ami, *j'en suis.*

Ribier referma les yeux sans faire entendre une parole.

Quand les trois corps furent emportés :

— Monsieur, demanda l'officier de gendarmerie à Morgan, êtes-vous prêt?

— Oui, monsieur, répondit Morgan en saluant avec une exquise politesse.

— Alors, venez.

— Me voici, dit Morgan.

Et il alla prendre place entre le peloton de gendarmerie et le détachement de dragons.

— Désirez-vous monter dans la charrette ou aller à pied, monsieur? demanda le capitaine

— A pied, à pied, monsieur; je tiens beaucoup à ce que l'on sache que c'est une fantaisie que je me passe en me laissant guillotiner; mais je n'ai pas peur.

Le cortége sinistre traversa la place des Lices, et longea les murs du jardin de l'hôtel Montbazon.

La charrette traînant les trois cadavres marchait la première; puis venaient les dragons; puis Morgan, marchant seul dans un intervalle libre d'une dizaine de pas; puis les gendarmes, précédés de leur capitaine.

A l'extrémité du mur, le cortége tourna à gauche.

Tout à coup, par l'ouverture qui se trouvait alors entre le jardin et la grande halle, Morgan aperçut l'échafaud qui dressait vers le ciel ses deux poteaux, rouges comme deux bras sanglants.

— Pouah ! dit-il, je n'avais jamais vu de guillotine, et je ne savais point que ce fût aussi laid que cela.

Et sans autre explication, tirant son poignard de sa ceinture, il se le plongea jusqu'au manche dans la poitrine.

Le capitaine de gendarmerie vit le mouvement, sans pouvoir le prévenir, et lança son cheval vers Morgan, resté debout, au grand étonnement de tout le monde et de lui-même.

Mais Morgan tirant un des pistolets de sa ceinture et l'armant :

— Halte-là ! dit-il ; il est convenu que personne ne me touchera ; je mourrai seul, ou nous mourrons trois ; c'est à choisir.

Le capitaine fit faire à son cheval un pas à reculons.

— Marchons, dit Morgan.

Et, en effet, il se remit en marche.

Arrivé au pied de la guillotine, Morgan tira le poignard de sa blessure et s'en frappa une seconde fois aussi profondément que la première.

Un cri de rage plutôt que de douleur lui échappa.

— Il faut, en vérité, que j'aie l'âme chevillée dans le corps, dit-il.

Puis, comme les aides voulaient l'aider à monter l'escalier au haut duquel l'attendait le bourreau :

— Oh! dit-il, encore une fois, que l'on ne me touche pas!

Et il monta les six degrés sans chanceler.

Arrivé sur la plate-forme, il tira le poignard de sa blessure et s'en donna un troisième coup.

Alors un effroyable éclat de rire sortit de sa bouche, et jetant aux pieds du bourreau le poignard qu'il venait d'arracher de sa troisième blessure, aussi inutile que les deux premières :

— Par ma foi! dit-il, j'en ai assez; à ton tour, et tire-toi de là comme tu pourras.

Une minute après, la tête de l'intrépide jeune homme tombait sur l'échafaud, et, par un phénomène de cette implacable vitalité qui s'était révélée en lui, bondissait et roulait hors de l'appareil du supplice.

Allez à Bourg, comme j'y ai été, et l'on vous dira qu'en bondissant, cette tête avait prononcé le nom d'Amélie.

Les morts furent exécutés après le vivant; de sorte que les spectateurs, au lieu de perdre quelque chose aux évènements que nous venons de raconter, eurent double spectacle.

XVI

La confession.

Trois jours après les évènements dont on vient de lire le récit, vers les sept heures du soir, une voiture couverte de poussière et attelée de deux chevaux de poste blancs d'écume, s'arrêtait à la grille du château des Noires-Fontaines.

Au grand étonnement de celui qui paraissait si pressé d'arriver, la grille était toute grande ouverte, des pauvres encombraient la cour, et le perron était couvert d'hommes et de femmes agenouillés.

Puis, le sens de l'ouïe s'éveillant au fur et à mesure que l'étonnement donnait plus d'acuité à celui de la vue, le voyageur crut entendre le tintement d'une sonnette.

Il ouvrit vivement la portière, sauta à bas de la chaise, traversa la cour d'un pas rapide, monta le perron et vit l'escalier qui menait au premier étage couvert de monde.

Il franchit cet escalier comme il avait

franchi le perron, et entendit un murmure religieux qui lui parut venir de la chambre d'Amélie.

Il s'avança vers cette chambre; elle était ouverte.

Au chevet étaient agenouillés madame de Montrevel et le petit Édouard, un peu plus loin Charlotte, Michel et son fils.

Le curé de Sainte-Claire administrait les derniers sacrements à Amélie; cette scène lugubre n'était éclairée que par la lueur des cierges.

On avait reconnu Roland dans le voyageur dont la voiture venait de s'arrêter devant la grille; on s'écarta sur son passage, il entra la tête découverte, et alla s'agenouiller près de sa mère.

La mourante, couchée sur le dos, les mains jointes, la tête soulevée par son oreiller, les yeux fixés au ciel dans une espèce d'extase, ne parut point s'apercevoir de l'arrivée de Roland.

On eût dit que le corps était encore de ce monde, mais que l'âme était déjà flottante entre la terre et le ciel.

La main de madame de Montrevel chercha celle de Roland, et la pauvre mère, l'ayant trouvée, laissa tomber en sanglotant sa tête sur l'épaule de son fils.

Ces sanglots maternels ne furent sans

doute pas plus entendus d'Amélie que la présence de Roland n'en avait été remarquée ; car la jeune fille garda l'immobilité la plus complète. Seulement, lorsque le viatique lui eut été administré, lorsque la béatitude éternelle lui eut été promise par la bouche consolatrice du prêtre, ses lèvres de marbre parurent s'animer, et elle murmura d'une voix faible, mais intelligible :

— Ainsi soit-il.

Alors, la sonnette tinta de nouveau ; l'enfant de chœur qui la portait sortit le premier, puis les deux clercs qui portaient les cierges, puis celui qui portait la croix ;
— puis enfin le prêtre, qui portait Dieu.

Tous les étrangers suivirent le cortége ; les personnes de la maison et les membres de la famille restèrent seuls.

La maison, un instant auparavant pleine de bruit et de monde, resta silencieuse et presque déserte.

La mourante n'avait pas bougé ; ses lèvres s'étaient refermées, ses mains étaient restées jointes, ses yeux levés au ciel.

Au bout de quelques minutes, Roland se pencha à l'oreille de madame de Montrevel, et lui dit à voix basse :

— Venez, ma mère, j'ai à vous parler.

Madame de Montrevel se leva ; elle poussa le petit Édouard vers le lit de sa sœur; l'enfant se dressa sur la pointe des pieds, et baisa Amélie au front.

Puis madame de Montrevel vint après lui, s'inclina sur sa fille, et, tout en sanglotant, déposa un baiser à la même place.

Roland vint à son tour, le cœur brisé, mais les yeux secs; il eût donné bien des choses pour verser les larmes qui noyaient son cœur.

Il embrassa Amélie comme avaient fait son frère et sa mère.

Amélie parut aussi insensible à ce baiser qu'elle l'avait été aux deux précédents.

L'enfant marchant le premier, madame de Montrevel et Roland, suivant Édouard, s'avancèrent donc vers la porte.

Au moment d'en franchir le seuil, tous trois s'arrêtèrent en tressaillant.

Ils avaient entendu le nom de Roland distinctement prononcé.

Roland se retourna.

Amélie une seconde fois prononça le nom de son frère.

— M'appelles-tu, Amélie? demanda Roland.

— Oui, répondit la voix de la mourante.

— Seul, ou avec ma mère?

— Seul.

Cette voix sans accentuation, mais cependant parfaitement intelligible, avait quelque chose de glacé; elle semblait un écho d'un autre monde.

— Allez, ma mère, dit Roland; vous voyez que c'est à moi seul que veut parler Amélie.

— Oh! mon Dieu! murmura madame de Montrevel, resterait-il un dernier espoir.

Si bas que ces mots eussent été prononcés, la mourante les entendit.

— Non, ma mère, dit-elle; Dieu a permis que je revisse mon frère; mais, cette nuit, je serai près de Dieu.

Madame de Montrevel poussa un gémissement profond.

— Roland! Roland! fit-elle, ne dirait-on point qu'elle y est déjà?

Roland lui fit signe de le laisser seul; madame de Montrevel s'éloigna avec le petit Édouard.

Roland rentra, referma la porte, et, avec une indicible émotion, revint au chevet du lit d'Amélie.

Tout le corps était déjà en proie à ce que l'on appelle la roideur cadavérique; le souffle eût à peine terni une glace tant il était faible; les yeux seuls, démesurément ouverts, étaient fixes et brillants, comme si tout ce qui restait d'existence dans ce corps condamné avant l'âge s'était concentré en eux.

Roland avait entendu parler de cet état étrange que l'on nomme l'extase, et qui n'est rien autre chose que la catalepsie.

Il comprit qu'Amélie était en proie à cette mort anticipée.

— Me voilà, ma sœur, dit-il; que me veux-tu?

— Je savais que tu allais arriver, répondit la jeune fille toujours immobile, et j'attendais.

— Comment savais-tu que j'allais arriver? demanda Roland.

— Je te voyais venir.

Roland frissonna.

— Et, demanda-t-il, savais-tu pourquoi je venais?

— Oui ; aussi j'ai tant prié Dieu du fond de mon cœur, qu'il a permis que je me levasse et que j'écrivisse.

— Quand cela?

— La nuit dernière.

— Et la lettre?

— Elle est sous mon oreiller, prends-la et lis.

Roland hésita un instant ; sa sœur n'était-elle pas en proie au délire?

— Pauvre Amélie! murmura Roland.

— Il ne faut pas me plaindre, dit la jeune fille, je vais le rejoindre.

— Qui cela? demanda Roland.

— Celui que j'aimais et que tu as tué.

Roland poussa un cri : c'était bien du délire; de qui sa sœur voulait-elle parler?

— Amélie, dit-il, j'étais venu pour t'interroger.

— Sur lord Tanlay, je le sais, répondit la jeune fille.

— Tu le sais! et comment cela?

— Ne t'ai-je pas dit que je t'avais vu venir et que je savais pourquoi tu venais?

— Alors, réponds-moi.

— Ne me détourne pas de Dieu et de lui, Roland ; je t'ai écrit, lis ma lettre.

Roland passa sa main sous l'oreiller, convaincu que sa sœur était en délire.

A son grand étonnement, il sentit un papier qu'il tira à lui.

C'était une lettre sous enveloppe ; sur

l'enveloppe étaient écrits ces quelques mots :

« Pour Roland, qui arrive demain. »

Il s'approcha de la veilleuse, afin de lire plus facilement.

La lettre était datée de la veille à onze heures du soir.

Roland lut :

« Mon frère, nous avons chacun une chose terrible à nous pardonner... »

Roland regarda sa sœur, elle était toujours immobile.

Il continua :

« J'aimais Charles de Sainte-Hermine; je faisais plus que l'aimer : il était mon amant... »

— Oh! murmura le jeune homme entre ses dents, il mourra!

— Il est mort, dit Amélie.

Roland jeta un cri d'étonnement; il avait dit si bas les paroles auxquelles répondait Amélie, qu'à peine les avait-il entendues lui-même.

Ses yeux se reportèrent sur la lettre.

« Il n'y avait aucune union possible entre la sœur de Roland de Montrevel et le chef des compagnons de Jehu; là était le secret terrible que je ne pouvais pas dire et qui me dévorait.

» Une seule personne devait le savoir et l'a su ; cette personne, c'est sir John Tanlay.

» Dieu bénisse l'homme au cœur loyal qui m'avait promis de rompre un mariage impossible et qui a tenu parole.

» Que la vie de lord Tanlay te soit sacrée, ô Roland ! c'est le seul ami que j'aie eu dans ma douleur, le seul homme dont les larmes se soient mêlées aux miennes.

» J'aimais Charles de Sainte-Hermine, j'étais la maîtresse de Charles : voilà la chose terrible que tu as à me pardonner.

» Mais, en échange, c'est toi qui es cause de sa mort : voilà la chose terrible que je te pardonne.

» Et maintenant arrive vite, ô Roland, puisque je ne dois mourir que quand tu seras arrivé.

» Mourir, c'est le revoir ; mourir, c'est le rejoindre pour ne le quitter jamais ; je suis heureuse de mourir. »

Tout était clair et précis, il était évident qu'il n'y avait pas dans cette lettre trace de délire.

Roland la relut deux fois et resta un instant immobile, muet, haletant, plein d'anxiété ; mais, enfin, la pitié l'emporta sur la colère.

Il s'approcha d'Amélie, étendit la main sur elle, et d'une voix douce :

— Ma sœur, dit-il, je te pardonne.

Un léger tressaillement agita le corps de la mourante.

— Et maintenant, dit-elle, appelle notre mère, c'est dans ses bras que je dois mourir.

Roland alla à la porte et appela madame de Montrevel.

Sa chambre était ouverte ; elle attendait évidemment, et accourut.

— Qu'y a-t-il de nouveau ? s'informa-t-elle vivement.

— Rien, répondit Roland, sinon qu'Amélie demande à mourir dans vos bras.

Madame de Montrevel entra et alla tomber à genoux devant le lit de sa fille.

Elle, alors, comme si un bras invisible avait détaché les liens qui semblaient la retenir sur sa couche d'agonie, se souleva lentement, détachant les mains de dessus sa poitrine et laissant glisser une de ses mains dans celle de sa mère.

— Ma mère, dit-elle, vous m'avez donné la vie, vous me l'avez ôtée, soyez bénie; c'était ce que vous pouviez faire de plus maternel pour moi, puisqu'il n'y avait plus pour votre fille de bonheur possible en ce monde.

Puis, comme Roland était allé s'agenouiller de l'autre côté du lit, laissant, comme elle avait fait pour sa mère, tomber sa seconde main dans la sienne :

— Nous nous sommes pardonné tous deux, frère, dit-elle.

— Oui, pauvre Amélie, répondit Roland, et, je l'espère, du plus profond de notre cœur.

— Je n'ai plus qu'une dernière recommandation à te faire.

— Laquelle ?

— N'oublie pas que lord Tanlay a été mon meilleur ami.

— Sois tranquille, dit Roland, la vie de lord Tanlay m'est sacrée.

Amélie respira.

Puis, d'une voix dans laquelle il était impossible de reconnaître une autre altération qu'une faiblesse croissante :

— Adieu, Roland! dit-elle, adieu, ma mère! vous embrasserez Édouard pour moi.

Puis, avec un cri sorti du cœur et dans lequel il y avait plus de joie que de tristesse :

— Me voilà, Charles, dit-elle, me voilà.

Et elle retomba sur son lit, retirant à elle, dans le mouvement qu'elle faisait, ses deux mains, qui allèrent se rejoindre sur sa poitrine.

Roland et madame de Montrevel se relevèrent et s'inclinèrent sur elle chacun de son côté.

Elle avait repris sa position première; seulement, ses paupières s'étaient refermées, et le faible souffle qui sortait de sa poitrine s'était éteint.

Le martyre était consommé, Amélie était morte.

XVII

L'invulnérable.

Amélie était morte dans la nuit du lundi au mardi, c'est-à-dire du 2 au 3 juin 1800.

Dans la soirée du jeudi, c'est-à-dire du 5, il y avait foule au grand Opéra, où l'on donnait la seconde représentation d'*Ossian, ou les Bardes.*

On savait l'admiration profonde que le premier consul professait pour les chants recueillis par Macpherson, et, par flatterie autant que par choix littéraire ou musical, l'Académie nationale de musique avait commandé un opéra qui, malgré les diligences faites, était arrivé un mois environ après que le général Bonaparte avait quitté Paris pour aller rejoindre l'armée de réserve.

Au balcon de gauche, un amateur de musique se faisait remarquer par la profonde attention qu'il prêtait au spectacle, lorsque, dans l'intervalle du premier au second acte, l'ouvreuse, se glissant entre les deux rangs de fauteuils, s'approcha de lui et demanda à demi-voix :

— Pardon, monsieur, n'êtes-vous point lord Tanlay?

— Oui, répondit l'amateur de musique.

— En ce cas, milord, un jeune homme qui aurait, dit-il, une communication de la plus haute importance à vous faire, vous prie d'être assez bon pour venir le joindre dans le corridor.

— Oh! oh! fit sir John; un officier?

— Il est en bourgeois, milord; mais, en effet, sa tournure indique un militaire.

— Bon! dit sir John, je sais ce que c'est.

Il se leva et suivit l'ouvreuse.

A l'entrée du corridor attendait Roland.

Lord Tanlay ne parut aucunement étonné de le voir; seulement, la figure sévère du jeune homme réprima en lui ce premier élan d'amitié profonde qui l'eût porté à se jeter au cou de celui qui le faisait demander.

— Me voici, monsieur, dit sir John.

Roland s'inclina.

— Je viens de votre hôtel, milord, dit

Roland; vous avez, à ce qu'il paraît, pris depuis quelque temps la précaution de dire au concierge où vous allez, afin que les personnes qui pourraient avoir affaire à vous sachent où vous rencontrer.

— C'est vrai, monsieur.

— La précaution est bonne, surtout pour les gens qui, venant de loin et étant pressés, n'ont, comme moi, pas le loisir de perdre leur temps.

— Alors, demanda sir John, c'est pour me revoir que vous avez quitté l'armée, et que vous êtes venu à Paris?

— Uniquement pour avoir cet honneur, milord; et j'espère que vous devinerez la cause de mon empressement, et m'épargnerez toute explication.

— Monsieur, dit sir John, à partir de ce moment, je me tiens à votre disposition.

— A quelle heure deux de mes amis pourront-ils se présenter chez vous demain, milord?

— Mais depuis sept heures du matin jusqu'à minuit, monsieur; à moins que vous n'aimiez mieux que ce soit tout de suite?

— Non, milord; j'arrive à l'instant même, et il me faut le temps de trouver ces deux amis et de leur donner mes instructions. Ils ne vous dérangeront donc, selon toute probabilité, que demain de onze heures à midi ; seulement, je vous serais bien obligé si l'affaire que nous avons à régler par leur intermédiaire pouvait se régler dans la même journée.

— Je crois la chose possible, monsieur, et, du moment où il s'agit de satisfaire votre désir, le retard ne viendra pas de mon côté.

— Voilà tout ce que je désirais savoir, milord ; je serais donc désolé de vous déranger plus longtemps.

Et Roland salua.

Sir John lui rendit son salut ; et, tandis que le jeune homme s'éloignait, il rentra au balcon et alla reprendre sa place.

. Toutes les paroles échangées l'avaient été, de part et d'autre, d'une voix si contenue et avec un visage si impassible, que les personnes les plus proches ne pouvaient pas même se douter qu'il y eût eu la moindre discussion entre deux interlocuteurs qui venaient de se saluer si courtoisement.

C'était le jour de réception du ministre de la guerre; Roland rentra à son hôtel, fit disparaître jusqu'à la dernière trace du voyage qu'il venait de faire, monta en voiture, et, à dix heures moins quelques minutes, put encore se faire annoncer chez le citoyen Carnot.

Deux motifs l'y conduisaient : le premier était une communication verbale qu'il avait à faire au ministre de la guerre de la part du premier consul ; le second, l'espoir de trouver dans son salon les deux témoins dont il avait besoin pour régler sa rencontre avec sir John.

Tout se passa comme Roland l'avait espéré ; le ministre de la guerre eut par lui les détails les plus précis sur le passage du Saint-Bernard et la situation de l'armée, et il trouva dans les salons ministériels les deux amis qu'il y venait chercher.

Quelques mots suffirent pour les mettre au courant ; les militaires, d'ailleurs, sont coulants sur ces sortes de confidences.

Roland parla d'une insulte grave qui

demeurerait secrète, même pour ceux qui devaient assister à son expiation. Il déclara être l'offensé et réclama pour lui, dans le choix des armes et le mode du combat, tous les avantages réservés aux offensés.

Les deux jeunes gens avaient mission de se présenter le lendemain, à neuf heures du matin, à l'hôtel Mirabeau, rue de Richelieu, et de s'entendre avec les deux témoins de lord Tanlay ; après quoi, ils viendraient rejoindre Roland, hôtel de Paris, même rue.

Roland rentra chez lui à onze heures, écrivit pendant une heure à peu près, se coucha et s'endormit.

A neuf heures et demie, ses deux amis se présentèrent chez lui.

Ils quittaient sir John.

Sir John avait reconnu tous les droits de Roland, leur avait déclaré qu'il ne discuterait aucune des conditions du combat, et que, du moment où Roland se prétendait l'offensé, c'était à lui de dicter les conditions.

Sur l'observation faite par eux, qu'ils avaient cru avoir affaire à deux de ses amis et non à lui-même, lord Tanlay avait répondu qu'il ne connaissait qu'une personne assez intimement à Paris pour la mettre dans la confidence d'une pareille affaire, qu'il espérait donc qu'arrivé sur le terrain un des deux amis de Roland passerait de son côté et l'assisterait. Enfin, sur tous les points, ils avaient trouvé lord Tanlay un parfait gentleman.

Roland déclara que la demande de son adversaire, à l'endroit d'un de ses témoins, était non-seulement juste, mais convenable, et autorisa l'un des deux jeunes gens à assister sir John et à prendre ses intérêts.

Restait, de la part de Roland, à dicter les conditions du combat.

On se battrait au pistolet.

Les deux pistolets chargés, les adversaires se placeraient à cinq pas. Au troisième coup frappé dans les mains des témoins, ils feraient feu.

C'était, comme on le voit, un duel à mort, où celui qui ne tuerait pas ferait évidemment grâce à son adversaire.

Aussi, les deux jeunes gens multiplièrent-ils les observations ; mais Roland insista, déclarant que, seul juge de la gravité de l'offense qui lui avait été faite, il la jugeait assez grave pour que la réparation eût lieu ainsi et pas autrement.

Il fallut céder devant cette obstination.

Celui des deux amis de Roland qui devait assister sir John fit toutes ses réserves déclarant qu'il ne s'engageait nullement pour son client, et qu'à moins d'ordre absolu de sa part, il ne permettrait jamais un pareil égorgement.

— Ne vous échauffez pas, cher ami, lui dit Roland ; je connais sir John, et je crois qu'il sera plus coulant que vous.

Les deux jeunes gens sortirent et se présentèrent de nouveau chez sir John.

Ils le trouvèrent déjeûnant à l'anglaise, c'est-à-dire avec un beefteack, des pommes de terre et du thé.

Celui-ci, à leur aspect, se leva, leur offrit de partager son repas, et, sur leur refus, se mit à leur disposition.

Les deux amis de Roland commencèrent par annoncer à lord Tanlay qu'il pouvait compter sur l'un d'eux pour l'assister.

Puis celui qui restait dans les intérêts de Roland établit les conditions de la rencontre.

A chaque exigence de Roland, sir John inclinait la tête en signe d'assentiment, et se contentait de répondre :

— Très bien.

Celui des deux jeunes gens qui était chargé de prendre ses intérêts, voulut faire quelques observations sur un mode de combat qui devait, à moins d'un hasard impossible, amener à la fois la mort des deux combattants ; mais lord Tanlay le pria de ne pas insister.

— M. de Montrevel est galant homme, dit-il ; je désire ne le contrarier en rien ; ce qu'il fera sera bien fait.

Restait l'heure à laquelle on se rencontrerait.

Sur ce point comme sur les autres, lord Tanlay se mettait entièrement à la disposition de Roland.

Les deux témoins quittèrent sir John encore plus enchantés de lui à cette seconde entrevue qu'à la première.

Roland les attendait ; ils lui racontèrent tout.

— Que vous avais-je dit? fit Roland.

Ils lui demandèrent l'heure et le lieu : Roland fixa sept heures du soir et l'allée de la Muette; c'était l'heure où le bois était à peu près désert et le jour serait encore assez clair,—on se rappelle que l'on était au mois de juin, — pour que deux adversaires pussent se battre à quelque arme que ce fût.

Personne n'avait parlé des pistolets : les deux jeunes gens offrirent à Roland d'en prendre chez un armurier.

— Non, dit Roland; lord Tanlay a une paire d'excellents pistolets dont je me suis déjà servi; s'il n'a pas de répugnance à se battre avec ses pistolets, je les préfère à tous les autres.

Celui des deux jeunes gens qui devait servir de témoin à sir John alla retrouver son client et lui posa les trois dernières questions, à savoir : si l'heure et le lieu de la rencontre lui convenaient, et s'il voulait que ses pistolets servissent au combat.

Lord Tanlay répondit en réglant sa montre sur celle de son témoin et en lui remettant la boîte de pistolets.

— Viendrai-je vous prendre, milord? demanda le jeune homme.

Sir John sourit avec mélancolie.

— Inutile, dit-il; vous êtes l'ami de M. de Montrevel, la route vous sera plus agréable avec lui qu'avec moi, allez donc avec lui; j'irai à cheval avec mon domestique, et vous me trouverez au rendez-vous.

Le jeune officier rapporta cette réponse à Roland.

— Que vous avais-je dit? fit celui-ci.

Il était midi; on avait sept heures devant soi; Roland donna à ses deux amis congé d'aller à leurs plaisirs ou à leurs affaires.

A six heures et demie précises, ils devaient être à la porte de Roland avec trois chevaux et deux domestiques.

Il importait, pour ne point être dérangé,

de donner à tous les apprêts du duel les apparences d'une promenade.

A six heures et demie sonnantes, le garçon de l'hôtel prévenait Roland qu'il était attendu à la porte de la rue.

C'étaient les deux témoins et les deux domestiques; un de ces derniers tenait en bride un cheval de main.

Roland fit un signe affectueux aux deux officiers et sauta en selle.

Puis, par les boulevarts, on gagna la place Louis XV et les Champs-Élysées.

Pendant la route, cet étrange phénomène qui avait tant étonné sir John lors du duel de Roland avec M. de Barjols, se reproduisit.

Roland fut d'une gaîté que l'on eût pu croire exagérée, si évidemment, elle n'eût été si franche.

Les deux jeunes gens, qui se connaissaient en courage, restaient étourdis devant une pareille insouciance. Ils l'eussent comprise dans un duel ordinaire, où le sangfroid et l'adresse donnent l'espoir, à l'homme qui les possède, de l'emporter sur son adversaire; mais, dans un combat comme celui au-devant duquel on allait, il n'y avait ni adresse ni sangfroid qui pussent sauver les combattants, sinon de la mort, du moins de quelque effroyable blessure.

En outre, Roland poussait son cheval en homme qui a hâte d'arriver, de sorte que cinq minutes avant l'heure fixée, il était à l'une des extrémités de l'allée de la Muette.

Un homme se promenait dans cette allée.

Roland reconnut sir John.

Les deux jeunes gens examinèrent d'un même mouvement la physionomie de Roland à la vue de son adversaire.

A leur grand étonnement, la seule expression qui se manifesta sur le visage du jeune homme, fut celle d'une bienveillance presque tendre.

Un temps de galop suffit pour que les quatre principaux acteurs de la scène qui allait se passer se joignissent et se saluassent.

Sir John était parfaitement calme, mais son visage avait une teinte profonde de mélancolie.

Il était évident que cette rencontre lui était aussi douloureuse qu'elle paraissait agréable à Roland.

On mit pied à terre ; un des deux témoins prit la boîte aux pistolets des mains d'un des domestiques, auxquels il ordonna de continuer de suivre l'allée comme s'ils promenaient les chevaux de leurs maîtres. Ils ne devaient se rapprocher qu'au bruit des coups de pistolets. Le groom de sir John devait se joindre à eux et faire ainsi qu'eux.

Les deux adversaires et les deux témoins entrèrent dans le bois, s'enfonçant au plus épais du taillis, pour trouver une place convenable.

Au reste, comme l'avait prévu Roland, le bois était désert ; l'heure du dîner avait ramené chez eux tous les promeneurs.

On trouva une espèce de clairière qui semblait faite exprès pour la circonstance.

Les témoins regardèrent Roland et sir John.

Ceux-ci firent de la tête un signe d'assentiment.

— Rien n'est changé? demanda un des témoins s'adressant à lord Tanlay.

— Demandez à M. de Montrevel, dit lord Tanlay; je suis ici sous son entière dépendance.

— Rien, fit Roland.

On tira les pistolets de la boîte et on commença à les charger.

Sir John se tenait à l'écart, fouillant les hautes herbes du bout de sa cravache.

Roland le regarda, sembla hésiter un instant; puis, prenant sa résolution, marcha à lui. Sir John releva la tête et attendit avec une espérance visible.

— Milord, lui dit Roland, je puis avoir à me plaindre de vous sous certains rapports, mais je ne vous en crois pas moins homme de parole.

— Et vous avez raison, monsieur, répondit sir John.

— Êtes-vous homme, si vous me survivez, à me tenir ici la promesse que vous m'aviez faite à Avignon ?

— Il n'y a pas de probabilité que je vous survive, monsieur, répondit lord Tanlay ; mais vous pouvez disposer de moi tant qu'il me restera un souffle de vie.

— Il s'agit des dernières dispositions à prendre à l'endroit de mon corps.

— Seraient-elles les mêmes ici qu'à Avignon ?

— Elles seraient les mêmes, milord.

— Bien... Vous pouvez être parfaitement tranquille.

Roland salua sir John et revint à ses deux amis.

— Avez-vous, en cas de malheur, quelque recommandation particulière à nous faire? demanda l'un d'eux.

— Une seule.

— Faites.

— Vous ne vous opposerez en rien à ce que milord Tanlay décidera de mon corps et de mes funérailles. Au reste, voici dans ma main gauche un billet qui lui est destiné, au cas où je serais tué sans avoir le temps de prononcer quelques paroles, vous ouvririez ma main et lui remettriez le billet.

— Est-ce tout ?

— C'est tout.

— Les pistolets sont chargés.

— Eh bien, prévenez-en lord Tanlay.

Un des jeunes gens se détacha et marcha vers sir John.

L'autre mesura cinq pas.

Roland vit que la distance était plus grande qu'il ne croyait.

— Pardon, fit-il, j'ai dit trois pas.

— Cinq, répondit l'officier qui mesurait la distance.

— Du tout, cher ami, vous êtes dans l'erreur.

Il se retourna vers sir John et son témoin en les interrogeant du regard.

— Trois pas vont très bien, répondit sir John en s'inclinant.

Il n'y avait rien à dire puisque les deux adversaires étaient du même avis.

On réduisit les cinq pas à trois.

Puis, on coucha à terre deux sabres pour servir de limite.

Sir John et Roland s'approchèrent chacun de son côté, jusqu'à ce qu'ils eussent la pointe de leur botte sur la lame du sabre.

Alors, on leur mit à chacun un pistolet tout chargé dans la main.

Ils se saluèrent pour dire qu'ils étaient prêts.

Les témoins s'éloignèrent ; ils devaient frapper trois coups dans les mains.

Au premier coup, les adversaires armaient leurs pistolets ; au second , il ajustaient ; au troisième, ils lâchaient le coup.

Les trois battements de mains retentirent à une distance égale au milieu du plus profond silence ; on eût dit que le vent lui-même se taisait, que les feuilles elles-mêmes étaient muettes.

Les adversaires étaient calmes ; mais une angoisse visible se peignait sur le visage des deux témoins.

Au troisième coup, les deux détonations retentirent avec une telle simultanéité, qu'elles n'en firent qu'une.

Mais, au grand étonnement des témoins, les deux combattants restèrent debout.

Au moment de tirer, Roland avait détourné son pistolet en l'abaissant vers la terre.

Lord Tanlay avait levé le sien et coupé une branche derrière Roland, à trois pieds au-dessus de sa tête.

Chacun des deux combattants était évidemment étonné d'une chose : c'était d'être encore vivant ayant epargné son adversaire.

Roland fut le premier qui reprit la parole :

— Milord! s'écria-t-il, ma sœur me l'avait bien dit, que vous étiez l'homme le plus généreux de la terre.

Et, jetant son pistolet loin de lui, il tendit les bras à sir John.

Sir John s'y précipita.

— Ah ! je comprends, dit-il : cette fois encore, vous vouliez mourir; mais, par bonheur, Dieu n'a pas permis que je fusse votre meurtrier !

— Qu'y a-t-il donc? demandèrent-ils.

— Rien, fit Roland, sinon que, décidé à mourir, je voulais du moins mourir de la main de l'homme que j'aime le mieux au monde ; par malheur, vous l'avez vu, il préférait mourir lui-même plutôt que de me tuer. Allons, ajouta Roland d'une voix sourde, je vois bien que c'est une besogne qu'il faut réserver aux Autrichiens.

Puis, se jetant encore une fois dans les bras de lord Tanlay, et serrant la main de ses deux amis :

— Excusez-moi, messieurs, dit-il ; mais le premier consul va livrer une grande bataille en Italie, et je n'ai pas de temps à perdre si je veux en être.

Et, laissant sir John donner au deux officiers les explications que ceux-ci jugeaient convenable de lui demander, Roland regagna l'allée, sauta sur son cheval, et retourna vers Paris au galop.

Toujours possédé de cette fatale manie de la mort, nous avons dit quel était son dernier espoir.

XVIII

Conclusion.

Cependant l'armée française avait continué sa marche, et, le 2 juin, elle était entrée à Milan.

Il y avait peu de résistance : le fort de Milan avait été bloqué. Murat, envoyé à

Plaisance, s'en était emparé sans coup férir. Enfin, Lannes avait battu le général Ott à Montebello.

Ainsi placé, on se trouvait sur les derrières de l'armée autrichienne sans que celle-ci s'en doutât.

Dans la nuit du 8 juin était arrivé un courrier de Murat, qui, ainsi que nous venons de le dire, occupait Plaisance ; Murat avait intercepté une dépêche du général Mélas et l'envoyait au premier consul.

Cette dépêche annonçait la capitulation de Gênes : Masséna, après avoir mangé les chevaux, les chiens, les chats, les rats, avait été forcé de se rendre.

Mélas, au reste, traitait l'armée de réserve avec le plus profond dédain ; il parlait de la présence de Bonaparte en Italie comme une fable, et savait, de source certaine, que le premier consul était toujours à Paris.

C'étaient là des nouvelles qu'il fallait communiquer sans retard à Bonaparte, la reddition de Gênes les rangeant dans la catégorie des mauvaises.

En conséquence, Bourrienne réveilla le général à trois heures du matin et lui traduisit la dépêche.

Le premier mot de Bonaparte fut :

— Bourrienne, vous ne savez pas l'allemand !

Mais Bourrienne recommença la traduction mot à mot.

Après cette seconde lecture, le général se leva, fit réveiller tout le monde, donna ses ordres, puis se recoucha et se rendormit.

Le même jour, il quitta Milan, établit son quartier général à la Stradella, y resta jusqu'au 12 juin, en partit le 13, et, marchant sur la Scrivia, traversa Montebello, où il vit le champ de bataille tout saignant et tout déchiré encore de la victoire de Lannes. La trace de la mort était partout; l'église regorgeait de morts et de blessés.

— Diable! fit le premier consul en s'adressant au vainqueur, il paraît qu'il a fait chaud, ici!

— Si chaud, général, que les os craient dans ma division comme la grêle qui tombe sur les vitrages.

Le 11 juin, pendant que le général était à la Stradella, Desaix l'y avait rejoint.

Libre en vertu de la capitulation d'el Arich, il était arrivé à Toulon le 6 mai, c'est-à-dire le jour même où Bonaparte était parti de Paris.

Au pied du Saint-Bernard, le premier consul avait reçu une lettre de Desaix, lui demandant s'il devait partir pour Paris ou rejoindre l'armée.

— Ah bien, oui, partir pour Paris ! avait répondu Bonaparte ; écrivez-lui de nous rejoindre en Italie partout où nous sens, au quartier général.

Bourrienne avait écrit, et, comme nis l'avons dit, Desaix était arrivé le 12 jin à la Stradella.

Le premier consul l'avait reçu avec ue double joie : d'abord, il retrouvait u homme sans ambition, un officier intellгgent, un ami dévoué; ensuite, Desaix arrivait juste pour remplacer dans le conmandement de sa division, Boudet, qui venait d'être tué.

Sur un faux rapport du général Gardanne, le premier consul avait cru que l'ennemi refusait la bataille et se retirait sur Gênes; il envoya Desaix et sa division sur la route de Novi pour lui couper la retraite.

La nuit du 13 au 14 s'était passée le plus tranquillement du monde. Il y avait eu, la veille, malgré un orage terrible, un engagement dans lequel les Autrichiens avaient été battus. On eût dit que la nature et les hommes étaient fatigués et se reposaient.

Bonaparte était tranquille. Un seul pont existait sur la Bormida, et on lui avait affirmé que ce pont était coupé.

Des avant-postes avaient été placés aussi loin que possible du côté de la Bormida, et ils étaient éclairés eux-mêmes par des groupes de quatre hommes.

Toute la nuit fut occupée par l'ennemi à passer la rivière.

A deux heures du matin, deux des groupes de quatre hommes furent surpris ; sept furent égorgés ; le huitième s'échappa et vint, en criant : « Aux armes ! » donner dans l'un des avant-postes.

A l'instant même, un courrier fut expédié au premier consul, qui avait couché à Torre-di-Garofolo.

Mais, en attendant les ordres qui allaient arriver, la générale battit sur toute la ligne.

Il faut avoir assisté à une pareille scène pour se faire une idée de l'effet que produit, sur une armée endormie, le tambour appelant le soldat aux armes, à trois heures du matin.

C'est le frisson pour les plus braves.

Les soldats s'étaient couchés tout habillés; chacun se leva, courut aux faisceaux, sauta sur son arme.

Les lignes se formèrent dans la vaste plaine de Marengo; le bruit du tambour s'étendait comme une longue traînée de poudre, et, dans la demi-obscurité, on voyait courir et s'agiter l'avant-garde.

Quand le jour se leva, nos troupes occupaient les positions suivantes :

La division Gardanne et la division

Chamberlhac, formant l'extrême avant-garde, étaient campées à la cassine de Petra-Bona, c'est-à-dire dans l'angle que fait, avec la route de Marengo à Tortone, la Bormida traversant cette route pour aller se jeter dans le Tanaro.

Le corps du général Lannes était en avant du village de San-Giuliano, le même que le premier consul avait montré, trois mois auparavant, sur la carte à Roland, en lui disant que là se déciderait le sort de la prochaine campagne.

La garde des consuls était placée en arrière des troupes du général Lannes, à une distance de cinq cents toises environ.

La brigade de cavalerie aux ordres du

général Kellermann, et quelques escadrons de hussards et de chasseurs formaient la gauche, et remplissaient, sur la première ligne, les intervalles des divisions Gardanne et Chamberlhac.

Une seconde brigade de cavalerie, commandée par le général Champeaux, formait la droite et remplissait, sur la seconde ligne, les intervalles de la cavalerie du général Lannes.

Enfin, le 12ᵉ régiment de hussards et le 21ᵉ régiment de chasseurs, détachés par Murat sous les ordres du général Rivaud, occupaient le débouché de Salo, situé à l'extrême droite de la position générale.

Tout cela pouvait former vingt-cinq ou

vingt-six mille hommes, sans compter les divisions Monnier et Boudet, dix mille hommes à peu près, commandées par Desaix et détachées de l'armée pour aller couper la retraite à l'ennemi sur la route de Gênes.

Seulement, au lieu de battre en retraite, l'ennemi attaquait.

En effet, le 13, dans la journée, le général Mélas, général en chef de l'armée autrichienne, avait achevé de réunir les troupes des généraux Haddick, Kaim et Ott, avait passé le Tanaro, et était venu camper en avant d'Alexandrie avec trente-six mille hommes d'infanterie, sept mille de cavalerie et une artillerie nombreuse, bien servie et bien attelée.

A quatre heures du matin, la fusillade s'engageait sur la droite, et le général Victor assignait à chacun sa ligne de bataille.

A cinq heures, Bonaparte fut réveillé par le bruit du canon.

Au moment où il s'habillait à la hâte, un aide-de-camp de Victor accourut lui annoncer que l'ennemi avait passé la Bormida et que l'on se battait sur toute la ligne.

Le premier consul se fit amener son cheval, sauta dessus, s'élança au galop vers l'endroit où la bataille était engagée.

Du sommet du monticule, il vit la position des deux armées.

L'ennemi était formé sur trois colonnes ; celle de gauche, composée de toute la cavalerie et de l'infanterie légère, se dirigeait vers Castel-Ceriolo par le chemin de Salo, en même temps que les colonnes du centre et de la droite, appuyées l'une à l'autre, et comprenant les corps d'infanterie des généraux Haddick, Kaim et O'Reilly et la réserve des grenadiers aux ordres du général Ott, s'avançaient par la route de Tortone en remontant la Bormida.

A leurs premiers pas au-delà de la rivière, ces deux dernières colonnes étaient venues se heurter aux troupes du général Gardanne, postées, comme nous l'avons dit, à la ferme et sur le ravin de Petra-

Bona ; c'était le bruit de l'artillerie marchant devant elles qui attirait Bonaparte sur le champ de bataille.

Il arriva juste au moment où la division Gardanne, écrasée par le feu de cette artillerie, commençait à se replier, et où le général Victor faisait avancer à son secours la division Chamberlhac.

Soutenues par ce mouvement, les troupes de Gardanne opéraient leur retraite en bon ordre et couvraient le village de Marengo.

La situation était grave ; toutes les combinaisons du général en chef étaient renversées. Au lieu d'attaquer, selon son habitude, avec des forces savamment massées, il se voyait attaqué lui-même avant d'avoir pu concentrer ses troupes.

Profitant du terrain qui s'élargissait devant eux, les Autrichiens cessaient de marcher en colonnes et se déployaient en lignes parallèles à celles des généraux Gardanne et Chamberlhac; seulement, ils étaient deux contre un!

La première des lignes ennemies était commandée par le général Haddick; la seconde, par le général Mélas; la troisième, par le général Ott.

A une très petite distance en avant de la Bormida, il existe un ruisseau appelé le Fontanone; ce ruisseau coule dans un ravin profond, qui forme un demi-cercle autour du village de Marengo et le défend.

Le général Victor avait déjà vu le parti que l'on pouvait tirer de ce retranchement naturel, et s'en était servi pour rallier les divisions Gardanne et Chamberlhac.

Bonaparte, approuvant les dispositions de Victor, lui envoya l'ordre de défendre Marengo jusqu'à la dernière extrémité, il lui fallait, à lui, le temps de reconnaître son jeu sur ce grand échiquier enfermé entre la Bormida, le Fontanone et Marengo.

La première mesure à prendre était de rappeler le corps de Desaix, en marche, comme nous l'avons dit, pour couper la route de Gênes.

Bonaparte expédia deux ou trois aides-de-camp en leur ordonnant de ne s'arrêter que lorsqu'ils auraient rejoint ce corps.

Puis il attendit, comprenant qu'il n'y avait rien à faire qu'à battre en retraite le plus régulièrement possible, jusqu'au moment où une masse compacte lui permettrait non-seulement d'arrêter le mouvement rétrograde, mais encore de marcher en avant.

Seulement, l'attente était terrible.

Au bout d'un instant, l'action s'était réengagée sur toute la ligne. Les Autrichiens étaient parvenus au bord du Fontanone, dont les Français tenaient l'autre rive; on se fusillait de chaque côté du ravin; on s'envoyait et se renvoyait la mitraille à portée de pistolet.

Protégé par une artillerie terrible, l'ennemi, supérieur en nombre, n'a qu'à s'étendre pour nous déborder.

Le général Rivaud, de la division Gardanne, le voit qui s'apprête à opérer ce mouvement.

Il se porte hors du village de Marengo, place un bataillon en rase campagne, lui ordonne de se faire tuer sans reculer d'un pas ; puis, tandis que ce bataillon sert de point de mire à l'artillerie ennemie, il forme sa cavalerie en colonne, tourne le bataillon, tombe sur trois mille Autrichiens qui s'avancent au pas de charge, les repousse, les met en désordre, et, tout blessé qu'il est par un biscaïen, les force à aller se reformer derrière leur ligne.

Après quoi, il vient se replacer à la droite du bataillon, qui n'a pas bougé d'un pas.

Mais, pendant ce temps, la division Gardanne, qui, depuis le matin, lutte contre l'ennemi, est rejetée dans Marengo, où la suit la première ligne des Autrichiens, dont la seconde ligne force bientôt la division Chamberlhac à se replier en arrière du village.

Là, un aide-de-camp du général en chef ordonne aux deux divisions de se rallier, et, coûte que coûte, de reprendre Marengo.

Le général Victor les reforme, se met à leur tête, pénètre dans les rues, que les Autrichiens n'ont pas eu le temps de barricader, reprend le village, le reperd, le reprend encore ; puis, enfin, écrasé par le nombre, le reperd une dernière fois.

Il est vrai qu'il est onze heures du matin, et qu'à cette heure, Desaix, rejoint par les aides-de-camp de Bonaparte, doit marcher au canon.

Cependant, les deux divisions de Lannes sont arrivées au secours des divisions engagées; ce renfort aide Gardanne et Chamberlhac à reformer leurs lignes parallèlement à l'ennemi, qui débouche à la fois par Marengo et par la droite et la gauche du village.

Les Autrichiens vont nous déborder.

Lannes, formant son centre des divisions ralliées de Victor, s'étend avec ses deux divisions moins fatiguées, afin de les opposer aux deux ailes autrichiennes; les deux corps, l'un exalté par un commencement de victoire, l'autre tout frais de son repos, se heurtent avec rage, et le combat, un instant interrompu par la double manœuvre de l'armée, recommence sur toute la ligne.

Après une lutte d'une heure, pied à pied, baïonnette à baïonnette, le corps d'armée du général Kaim plie et recule; le général Champeaux, à la tête du 1er et du 8e régiment de dragons, charge sur lui et augmente son désordre. Le général Watrin, avec le 6e léger, les 22e et 40e de ligne, se met à leur poursuite et les rejette à près de mille toises derrière le ruisseau. Mais le mouvement qu'il vient de faire l'a séparé de son corps d'armée; les divisions du centre vont se trouver compromises par la victoire de l'aile droite, et les généraux Champeaux et Watrin sont obligés de revenir prendre le poste qu'ils ont laissé à découvert.

En ce moment, Kellermann faisait à l'aile gauche ce que Watrin et Champeaux venaient de faire à l'aile droite. Deux charges de cavalerie ont percé l'ennemi à jour; mais, derrière la première ligne, il en a trouvé une seconde, et, n'osant s'engager plus avant à cause de la supériorité du nombre, il a perdu le fruit de sa victoire momentanée.

Il est midi.

La ligne française, qui ondulait comme un serpent de flamme sur une longueur de près d'une lieue, est brisée vers son centre. Ce centre, en reculant, abandonnait les ailes : les ailes ont donc été forcées de suivre le mouvement rétrograde; Kellermann à gauche, Watrin à droite, ont donné à leurs hommes l'ordre de reculer.

La retraite s'opéra par échiquier, sous le feu de quatre-vingts pièces d'artillerie qui précédaient la marche des bataillons autrichiens ; les rangs se dégarnissaient à vue d'œil : on ne voyait que des blessés apportés à l'ambulance par leurs camarades, qui, pour la plupart, ne revenaient plus.

Une division battait en retraite à travers un champ de blés mûrs ; un obus éclata et mit le feu à cette paille déjà sèche, deux ou trois mille hommes se trouvèrent au milieu d'un incendie. Les gibernes prirent feu et sautèrent. Un immense désordre se mit dans les rangs.

Alors Bonaparte lança la garde consulaire ; elle arriva au pas de course, se déploya en bataille et arrêta les progrès de l'ennemi. De leur côté, les grenadiers à cheval se précipitèrent au galop et culbutèrent la cavalerie autrichienne.

Pendant ce temps, la division échappée à l'incendie se reformait, recevait de nouvelles cartouches et rentrait en ligne.

Mais ce mouvement n'avait eu d'autre résultat que d'empêcher la retraite de se changer en déroute.

Il était deux heures.

Bonaparte regardait cette retraite, assis sur la levée du fossé de la grande route d'Alexandrie; il était seul; il avait la bride de son cheval passée au bras et faisait voltiger de petites pierres en les fouettant du bout de sa cravache. Les boulets sillonnaient la terre tout autour de lui.

Il semblait indifférent à ce grand drame, au dénoûment duquel cependant étaient suspendues toutes ses espérances.

Jamais il n'avait joué si terrible partie: six ans de victoire contre la couronne de France!

Tout à coup, il parut sortir de sa rêverie; au milieu de l'effroyable bruit de la fusillade et du canon, il lui semblait entendre le bruit d'un galop de cheval. Il leva la tête. En effet, du côté de Novi arrivait un cavalier à toute bride sur un cheval blanc d'écume.

Lorsque le cavalier ne fut plus qu'à cinquante pas, Bonaparte jeta un cri.

— Roland ! dit-il.

Celui-ci de son côté, arrivait en criant :

— Desaix ! Desaix ! Desaix !

Bonaparte ouvrit les bras ; Roland sauta à bas de son cheval, et se précipita au cou du premier consul.

Il y avait pour Bonaparte deux joies dans cette arrivée : celle de revoir un homme qu'il savait lui être dévoué jusqu'à la mort, celle de la nouvelle apportée par lui.

— Ainsi, Desaix?... interrogea le premier consul.

— Desaix est à une lieue à peine ; l'un de vos aides-de-camp l'a rencontré revenant sur ses pas et marchant au canon.

— Allons, dit Bonaparte, peut-être arrivera-t-il encore à temps.

— Comment, à temps ?

— Regarde !

Roland jeta un coup d'œil sur le champ de bataille et comprit la situation.

Pendant les quelques minutes où Bonaparte avait détourné ses yeux de la mêlée, elle s'était encore aggravée.

La première colonne autrichienne, qui s'était dirigée sur Castel-Ceriolo et qui n'avait pas encore donné, débordait uotre droite.

Si elle entrait en ligne, c'était la déroute au lieu de la retraite.

Desaix arriverait trop tard.

— Prends mes deux derniers régiments de grenadiers, dit Bonaparte ; rallie la garde consulaire, et porte-toi avec eux à l'extrême droite... tu comprends? en carré, Roland ! et arrête cette colonne comme une redoute de granit.

Il n'y avait pas un instant à perdre ; Roland sauta à cheval, prit les deux régiments de grenadiers, rallia la garde consulaire et s'élança à l'extrême droite.

Arrivé à cinquante pas de la colonne du général Elsnitz :

— En carré ! cria Roland, le premier consul nous regarde.

Le carré se forma ; chaque homme sembla prendre racine à sa place.

Au lieu de continuer son chemin pour venir en aide aux généraux Mélas et Kaim, au lieu de mépriser ces neuf cents hommes qui n'étaient point à craindre sur les derrières d'une armée victorieuse, le général Elsnitz s'acharna contre eux.

Ce fut une faute ; cette faute sauva l'armée.

Ces neuf cents hommes furent véritablement la redoute de granit qu'avait espérée Bonaparte : artillerie, fusillade, baïonnettes, tout s'usa sur elle.

Elle ne recula point d'un pas.

Bonaparte la regardait avec admiration, quand, en détournant enfin les yeux du côté de la route de Novi, il vit apparaître les premières baïonnettes de Desaix.

Placé au point le plus élevé du plateau, il voyait ce que ne pouvait voir l'ennemi.

Il fit signe à un groupe d'officiers qui se tenait à quelques pas de lui, prêts à porter ses ordres.

Derrière ces officiers étaient deux ou trois domestiques tenant des chevaux de main.

Officiers et domestiques s'avancèrent.

Bonaparte montra à l'un des officiers la forêt de baïonnettes qui reluisaient au soleil.

— Au galop vers ces baïonnettes, dit-il, et qu'elles se hâtent! Quant à Desaix, vous lui direz que je suis ici et que je l'attends.

L'officier partit au galop.

Bonaparte reporta ses yeux sur le champ de bataille.

La retraite continuait; mais le général

Elsnitz et sa colonne étaient arrêtés par Roland et ses neuf cents hommes.

La redoute de granit s'était changée en volcan; elle jetait le feu par ses quatre faces.

Alors, s'adressant aux trois autres officiers :

— Un de vous au centre, les deux autres aux ailes! dit Bonaparte; annoncez partout l'arrivée de la réserve et la reprise de l'offensive.

Les trois officiers partirent comme trois flèches lancées par le même arc, s'écartant de leur point de départ au fur et à mesure qu'ils approchaient de leur but respectif.

Au moment où, après les avoir suivis

des yeux, Bonaparte se retournait, un cavalier portant l'uniforme d'officier général n'était plus qu'à cinquante pas de lui.

C'était Desaix.

Desaix, qu'il avait quitté sur la terre d'Égypte et qui, le matin même, disait en riant :

— Les boulets d'Europe ne me connaissent plus, il m'arrivera malheur.

Une poignée de mains suffit aux deux amis pour échanger leur cœur.

Puis Bonaparte étendit le bras vers le champ de bataille.

La simple vue en apprenait plus que toutes les paroles du monde.

Des huit mille hommes qui avaient commencé le combat vers cinq heures du matin, à peine, sur un rayon de deux lieues, restait-il neuf mille hommes d'infanterie, mille chevaux et dix pièces de canon en état de faire feu ; un quart de l'armée était hors de combat ; l'autre quart, occupé à transporter les blessés que le premier consul avait donné l'ordre de ne pas abandonner. Tout reculait, à l'exception de Roland et de ses neuf cents hommes.

Le vaste espace compris entre la Bormida et le point de la retraite où l'on en était arrivé, était couvert de cadavres d'hommes et de chevaux, de canons démontés, de caissons brisés.

De place en place montaient des colonnés de flamme et de fumée ; c'étaient des champs de blé qui brûlaient.

Desaix embrassa tous ces détails d'un coup d'œil.

— Que pensez-vous de la bataille ? demanda Bonaparte.

— Je pense, dit Desaix, qu'elle est perdue ; mais, comme il n'est encore que trois heures de l'après-midi, nous avons le temps d'en gagner une autre.

— Seulement, dit une voix, il vous faut du canon.

Cette voix, c'était celle de Marmont, qui commandait en chef l'artillerie.

— Vous avez raison, Marmont ; mais où allez-vous en prendre, du canon ?

— Cinq pièces que je puis retirer du champ de bataille encore intactes, cinq autres que nous avions laissées sur la Scrivia et qui viennent d'arriver.

— Et huit pièces que j'amène, dit Desaix.

— Dix-huit pièces, reprit Marmont, c'est tout ce qu'il me faut.

Un aide-de-camp partit pour hâter l'arrivée des pièces de Desaix.

La réserve approchait toujours et n'était plus qu'à un demi-quart de lieue.

La position, du reste, semblait choisie

à l'avance; à la gauche de la route s'élevait une haie gigantesque, perpendiculaire au chemin et protégée par un talus.

On y fit filer l'infanterie au fur et à mesure qu'elle arrivait; la cavalerie elle-même put se dissimuler derrière ce large rideau.

Pendant ce temps, Marmont avait réuni ses dix-huit pièces de canon et les avait mises en batterie sur le front droit de l'armée.

Tout à coup elles éclatèrent et vomirent sur les Autrichiens un déluge de mitraille.

Il y eut dans les rangs ennemis un moment d'hésitation.

Bonaparte en profita pour passer sur toute la ligne française.

— Camarades, s'écria-t-il, c'est assez faire de pas en arrière; souvenez-vous que c'est mon habitude de coucher sur le champ de bataille.

En même temps, et comme pour répondre à la canonnade de Marmont, des feux de peloton éclatent à gauche, prenant les Autrichiens en flanc.

C'est Desaix et sa division qui les foudroient à bout portant et en plein travers.

Toute l'armée comprend que c'est la réserve qui donne et qu'il faut l'aider d'un effort suprême.

Le mot « En avant ! » retentit de l'extrême gauche à l'extrême droite.

Les tambours battent la charge.

Les Autrichiens, qui n'ont pas vu les renforts qui viennent d'arriver et qui, croyant la journée à eux, marchaient le fusil sur l'épaule comme à une promenade, sentent qu'il vient de se passer dans nos rangs quelque chose d'étrange, et veulent retenir la victoire qu'ils sentent glisser entre leurs mains.

Mais partout les Français ont repris l'offensive, partout le terrible pas de charge et la victorieuse *Marseillaise* se font entendre ; la batterie de Marmont vomit le feu ; Kellermann s'élance avec ses cuirassiers et traverse les deux lignes ennemies.

Desaix saute les fossés, franchit les haies, arrive sur une petite éminence et tombe au moment où il se retourne pour voir si sa division le suit; mais sa mort, au lieu de diminuer l'ardeur des soldats, la redouble : ils s'élancent à la baïonnette sur la colonne du général Zach.

En ce moment, Kellermann, qui a traversé les deux lignes ennemies, voit la division Desaix aux prises avec une masse compacte et immobile. Il charge en flanc, pénètre dans un intervalle, l'ouvre, la brise, l'écartèle; en moins d'un quart d'heure, les cinq mille grenadiers autrichiens qui composent cette masse sont enfoncés, culbutés, dispersés, foudroyés, anéantis ; ils disparaissent comme une fumée; le général Zach et son état-major sont faits prisonniers; c'est tout ce qu'il en reste.

Alors, à son tour, l'ennemi veut faire donner son immense cavalerie ; mais le feu continuel de la mousqueterie, la mitraille dévorante et la terrible baïonnette l'arrêtent court.

Murat manœuvre sur les flancs avec deux pièces d'artillerie légère et un obusier qui envoient la mort en courant.

Un instant il s'arrête pour dégager Roland et ses neuf cents hommes; un de ses obus tombe dans les rangs des Autrichiens et éclate; une ouverture se fait pareille à un gouffre de flamme : Roland s'y élance, un pistolet d'une main, son sabre de l'autre; toute la garde consulaire le suit, ouvrant les rangs autrichiens comme un coin de fer ouvre un tronc de chêne; il pénètre jusqu'à un caisson brisé qu'entoure la masse ennemie; il introduit son bras armé du pistolet dans l'ouverture du caisson, et fait feu.

Une détonation effroyable se fait entendre, un volcan s'est ouvert et a dévoré tout ce qui l'entourait.

Le corps d'armée du général Elsnitz est en pleine déroute.

Alors tout plie, tout recule, tout se débande; les généraux autrichiens veulent en vain soutenir la retraite, l'armée française franchit en une demi-heure la plaine qu'elle a défendue pied à pied pendant huit heures.

L'ennemi ne s'arrête qu'à Marengo, où il tente en vain de se reformer sous le feu des tirailleurs de Carra-Saint-Cyr, oubliés à Castel-Ceriolo, et qu'on retrouve au dénoûment de la journée; mais arrivent au pas de course les divisions Desaix, Gardanne et Chamberlhac, qui poursuivent les Autrichiens de rue en rue.

Marengo est emporté; l'ennemi se retire sur la position de Petra-Bona, qui est emportée comme Marengo.

Les Autrichiens se précipitent vers les ponts de la Bormida, mais Carra-Saint-

Cyr y est arrivé avant eux ; alors la multitude des fuyards cherche les gués, et s'élance dans la Bormida sous le feu de toute notre ligne, qui ne s'éteint qu'à dix heures du soir...

Les débris de l'armée autrichienne regagnèrent leur camp d'Alexandrie ; l'armée française bivouaqua devant les têtes de pont.

La journée avait coûté aux Autrichiens quatre mille cinq cents morts, six mille blessés, cinq mille prisonniers, douze drapeaux, trente pièces de canon.

Jamais la fortune ne s'était montrée sous deux faces si opposées.

A deux heures de l'après-midi, c'était

pour Bonaparte une défaite et ses désastreuses conséquences ; à cinq heures, c'était l'Italie reconquise d'un seul coup, et le trône de France en perspective.

Le soir même, le premier consul écrivait cette lettre à madame de Montrevel :

« Madame,

» J'ai remporté aujourd'hui ma plus belle victoire ; mais cette victoire me coûte les deux moitiés de mon cœur, Desaix et Roland.

» Ne pleurez point, madame. Depuis longtemps votre fils voulait mourir, et il ne pouvait mourir plus glorieusement.

» BONAPARTE. »

On fit des recherches inutiles pour retrouver le cadavre du jeune aide-de-camp : comme Romulus, il avait disparu dans une tempête.

Nul ne sut jamais quelle cause lui avait fait poursuivre avec tant d'acharnement une mort qu'il avait eu tant de peine à rencontrer.

FIN DU SEPTIÈME ET DERNIER VOLUME.

TABLE DES CHAPITRES

CINQUIÈME PARTIE

(SUITE)

		Pages
—	XI La revanche de Roland.	3
—	XII. Cadoudal aux Tuileries.	29
—	XIII L'armée de réserve.	57
—	XIV. Le jugement	117
—	XV. Où Amélie tient sa parole.	165
—	XVI. La confession.	221
—	XVII. L'invulnérable.	000
—	XVIII. Conclusion.	000

FIN DE LA TABLE.

Fontainebleau. — Imp de E. Jacquin.

NOUVEAUTÉS TERMINÉES.

La Demoiselle du cinquième
Par *Paul de Kock*, 6 vol.

LES FILS DE FAMILLE
Par *Eugène Sue*, 9 vol.

LE BEAU FAVORI
Par le *marquis de Foudras*, 3 volumes.

EVENOR ET LEUCIPPE
Par *G. Sand*, 3 vol.

DEUX BRETONS
Par *X. de Montépin*, 6 vol.

L'AVEUGLE DE BAGNOLET
Par *Charles Deslys*, 3 vol.

Le Lièvre de mon grand-père
Par *Alex. Dumas*, 1 vol.

LES AMOURS MORTELS
Par *Adrien Robert*, 2 vol.

LE BATTEUR D'ESTRADE
Par *Paul Duplessis*, 3 vol.

LA MAISON DOMBEY PÈRE ET FILS
Par *Charles Dickens*, 5 vol.

LES COEURS D'OR
Par *Marc Leprevost*, 3 vol.

Fontainebleau. — Imp. de E. JACQUIN.

www.ingramcontent.com/pod-product-compliance
Lightning Source LLC
Chambersburg PA
CBHW072006150426
43194CB00008B/1015